Urbrands

Esta obra ha obtenido el **Premio Espasa 2014,** concedido por el siguiente jurado: Pedro García Barreno (presidente), María Benjumea, Juan José Gómez Cadenas, Nativel Preciado y Pilar Cortés.

PREMIO ESPASA 2014

Risto Mejide
Urbrands

Construye tu marca personal
como quien construye una ciudad

ESPASA

ESPASA

Diseño de cubierta: Departamento de Arte y Diseño. Área Editorial Grupo Planeta
Ilustración de cubierta: © Álvaro Domínguez
Preimpresión: Safekat, S. L.

Segunda edición, noviembre 2014
Tercera edición, noviembre 2014
Cuarta edición, noviembre 2014
Quinta edición, diciembre 2014
Sexta edición, diciembre 2014

Depósito Legal: 978-84-670-4299-3
ISBN: B. 17.859-2014

Espasa, en su deseo de mejorar sus publicaciones, agradecerá cualquier sugerencia que los lectores hagan al departamento editorial por correo electrónico: sugerencias@espasa.es

www.espasa.com
www.planetadelibros.com

Impreso en España/Printed in Spain
Impresión: Unigraf, S. L.

El papel utilizado para la impresión de este libro es cien por cien libre de cloro y está calificado como **papel ecológico.**

Espasa Libros, S. L. U.
Avda. Diagonal, 662-664
08034 Barcelona

Para todas las mujeres,
sean del sexo que sean.

Índice

Tercera parte: hacer

Agradecimientos

El mejor momento de un libro es aquel en el que puedes recoger todo el cariño que has recibido, todos los consejos, todo el apoyo y esfuerzo de amigos, seres queridos y compañeros, y devolverlo de golpe tan sólo dejando constancia de sus nombres en un apartado que casi nadie leerá.

Como si fuese proporcional. Como si, de ese modo, la deuda quedase saldada. Ojalá fuese tan fácil. Ojalá.

Gracias Ana Rosa Semprún, por insistir y por saber hacerlo con tanta elegancia como eficacia. Gracias Olga Adeva, porque todo esto empezó contigo, por muchos años más. Gracias Gonzalo Abadía, por recordarme cada día quién es quién. Gracias Sonia Guerra por sincronizarme con todos. Y gracias Iván de Cristóbal, por hacerme la contra, y por reescribirla, también.

Sin embargo, lo mejor de esta página no es nunca la gente a la que incluyes, sino toda aquella gente de la que siempre te olvidas. Y luego te das cuenta cuando el libro ya está en impresión.

Bah.

Si los he olvidado, por algo será.

Estos son malos tiempos.
Los hijos han dejado de obedecer a sus padres
y todo el mundo escribe libros.

Marco Tulio Cicerón, siglo I a. C.

Introducción

Las personas, como las ciudades, como las marcas, son mucho más que el pedazo de tierra o el territorio que ocupan. Las personas, como las ciudades, como las marcas, no pertenecen a un único país, ni a un solo continente, ni siquiera a quien las gobierna, sino a aquellos que habitan en ellas. Las personas, como las ciudades, como las marcas, se pueden y se deben construir pensando mucho más allá de la mera supervivencia: se trata de transformarse y, sobre todo, de trascenderse.

Cada uno de nosotros se ha convertido en un conjunto de nodos descentralizados e interconectados por los que discurre todo tipo de actividades, experiencias, sinapsis, conflictos, esperanzas y miedos. Y lo mejor que podemos hacer por nuestro presente y nuestro futuro es crear las infraestructuras necesarias para que todas ellas puedan desarrollarse en plenitud y con la mínima fricción.

Habrá turistas que pasen por nuestra vida que sólo pretendan disfrutar unos días y llevarse un buen recuerdo, y habrá

residentes que se queden para siempre y necesiten instalarse y crear valor. Habrá monumentos, deberemos decidir dónde y cómo colocar esas piezas que todo el mundo quiere visitar y fotografiar, nuestros principales logros, nuestros éxitos. Pero también deberemos atender a la infraestructura: cuidar dónde y cómo situamos el alumbrado, pues las zonas sin iluminación serán nuestros bajos fondos, focos de delincuencia y fuente de futuros problemas. La sanidad, el ocio, los paseos, las interconexiones, el medio ambiente...

Qué piensas cuando escuchas Barcelona, París, Londres o Nueva York. Qué es lo primero que se te pasa por la cabeza cuando escuchas Reikiavik, Moscú o Irlanda del Norte. Qué emociones te despiertan marcas como Río de Janeiro, Bahamas o las islas Seychelles.

Eres lo que haces. Eres lo que dices que haces. Pero también eres lo que recuerdan de ti. Y sobre todo, eres lo que esa gente siente cuando lo recuerda. Hoy, en plena transformación de la comunicación entre personas, el *Personal Branding* se nos ha quedado pequeño, en parte por las mismas premisas que están siendo cuestionadas:

> En una economía que está estandarizando los procesos, homogeneizando los productos y convirtiendo a los trabajadores en *commodities* o profesionales de marca blanca, es imprescindible diferenciarse y que se reconozca el «valor añadido» que aportamos a las empresas y al mercado. La mejor forma de conseguirlo es descubriendo y comunicando aquello en lo que nos diferenciamos y nos hace ser percibidos como sobresalientes, nuestra marca personal.[1]

[1] *Marca personal. Cómo convertirse en la opción preferente,* Andrés Pérez Ortega, ESIC, pág. 37.

Ésta no es una guía para ir a ningún sitio, es la guía para ser cualquier persona, marca o empresa. Porque para saber encontrarse primero hay que saber buscarse.

Bienvenidos a una guía emocional a lo largo de nuestras grandes y lujosas avenidas, pero también por nuestros más recónditos callejones.

Bienvenidos a URBRANDS.

Qué es Urbrands

Y por qué es importante para tu vida

La cuestión de qué tipo de ciudad queremos
no puede divorciarse de la cuestión
de qué tipo de personas queremos ser,
qué tipo de relaciones sociales buscamos,
qué relaciones con la naturaleza mantenemos,
qué estilo de vida deseamos o qué valores estéticos tenemos.

David Harvey, *Rebel Cities,* cap. I

Parafraseando al filósofo posmoderno Javier Cansado, a los sumerios les debemos muchísimas cosas. Entre ellas, la invención del arado, el cilindro-sello, la rueda, el torno, el cálculo, la contabilidad, la aleación de metales o la más importante de todas, la escritura[1]. Este pueblo mesopotámico, mezcla racial

---

[1] http://www.historiaantigua.es/sumer/problemasumerio/problemasumerio.html

entre caucásicos y negroides, vivió su época de máximo esplendor entre los años 5.000 y 3.000 a. C., período en el que quedó más que patente su hegemonía económica y superioridad cultural con respecto a los demás habitantes del planeta. Pero si hubo una aportación que les permitió realizar todas las demás fue la que realmente lo cambió todo. La decisión de establecerse muchos seres humanos en un mismo sitio y empezar a organizarse. La decisión de acumular suficientes personas, bienes e información bajo un mismo mando para llegar a construir la conocida como «Venecia del desierto». En definitiva, la decisión de fundar Uruk. El hogar del Gilgamesh. La primera ciudad de la historia[2].

Efectivamente, fue la vez en la que un grupo importante de personas se establecían bajo el control de lo que los arqueólogos denominan «jefatura», lo cual permitió avances y creaciones jamás vistos hasta la fecha, pues tuvo sus consecuencias directas en las vidas y carreras profesionales de sus ciudadanos:

> A partir de las jefaturas nacieron los estados (desde 3.400 a. C., aproximadamente) mediante conquistas o fusiones impuestas, lo cual desembocó en poblaciones más numerosas, a menudo étnicamente diversas, esferas y estratos profesionales de burócratas, ejércitos permanentes, una especialización económica mucho mayor, urbanización y otros cambios, para generar los tipos de sociedades que abarcan el mundo moderno.[3]

---

[2] Aunque Ur (6.500 a. C.), Jericó (7.800 a. C.) y Zawi Chemi Shanidar (en torno a 9.000 a. C.) le disputan ese honorable puesto, parece que por su tamaño (entre 50.000 y 80.000 habitantes) y por su relevancia histórica, hoy existe consenso entre los antropólogos y Uruk puede ser considerada la primera capital en términos «modernos»: http://www.historiaantigua.es/articulos/uruk/uruk.html

[3] *El mundo hasta ayer. ¿Qué podemos aprender de las sociedades tradicionales?,* Jared Diamond, Debate, pág. 34.

Desde entonces, la evolución del ser humano ha ido íntimamente ligada a la evolución de sus ciudades. Gracias a las ciudades nos pudimos especializar, pudimos empezar a estudiar y a investigar, y cada unidad familiar dejó de ser autosuficiente para pasar a depender de otros a los que no conocía personalmente. Pero también pudimos hacerlo porque nos otorgó cierta seguridad:

> En una sociedad de miles de personas es imposible que todo el mundo se conozca o que mantenga debates cara a cara en los que participe la población por entero. A consecuencia de ello, las jefaturas afrontan dos nuevos problemas que no se advierten en las bandas o tribus. En primer lugar, los miembros de una jefatura deben poder saberse miembros iguales pero individualmente desconocidos del mismo grupo y así evitar enfurecerse por una intrusión territorial que desencadene un enfrentamiento. Por ello, las jefaturas desarrollan ideologías e identidades políticas y religiosas compartidas que a menudo se derivan del estatus supuestamente divino del jefe. En segundo lugar, ahora existe un líder reconocido, el jefe, que toma decisiones, posee una autoridad aceptada y ejerce un monopolio sobre el derecho a utilizar la fuerza contra los miembros de su sociedad en caso necesario y, de ese modo, se asegura de que los desconocidos dentro de una misma jefatura no se enfrenten entre sí.[4]

Debió de ser muy raro cruzarte con un completo desconocido y por primera vez en la historia no desconfiar por defecto, ni tener por qué agredirle ni sentir la imperiosa necesidad de defenderte. Saber que teníamos algo en común que nos protegía a los dos, independientemente de que no nos hubiésemos visto

---

[4] *El mundo hasta ayer. ¿Qué podemos aprender de las sociedadaes tradicionales?,* Jared Diamond, Debate, pág. 33.

jamás. Y saber que si uno de los dos obraba de manera inadecuada, un poder superior a ambos nos castigaría. Ese sentido de pertenencia que surge a raíz de la necesidad de organización y de seguridad debió de ser la primera marca ciudad de la historia:

> Los pueblos tradicionales, que viven en sociedades de unos pocos centenares de sujetos, obtienen acceso a tierras ajenas cuando son conocidos, mantienen relaciones allí y solicitan permiso individualmente. En nuestras sociedades de cientos de millones de personas, nuestra definición de «relación» se hace extensible a cualquier ciudadano de nuestro Estado o de un Estado amigo, y la solicitud de permiso se formaliza y concede en masa por medio de pasaportes y visados.[5]

De pronto, al llegar a una concentración suficientemente amplia de personas, al sobrepasar con creces el «número de Dunbar»[6], los individuos dejaron de conocerse todos entre ellos, lo cual acabó generando varios fenómenos inéditos hasta entonces: entre ellos esas «identidades políticas y religiosas» que formaron la imagen de una ciudad como conjunto, la imagen urbana de sus habitantes. El mismo principio que operaba en las mentes de los ciudadanos de un mismo Estado es el que

---

[5] *El mundo hasta ayer. ¿Qué podemos aprender de las sociedades tradicionales?,* Jared Diamond, Debate, pág. 68.

[6] Número bautizado en honor al antropólogo Robin Dunbar, quien teorizó, a partir de los asentamientos de huteritas —siglo XIX—, con el número 150 como máxima cantidad de individuos que pueden desarrollarse plenamente en un sistema social determinado. A partir de ese número, es más difícil que los individuos se conozcan personalmente y mantengan la cohesión social sin construcciones ideológicas que suplan esa falta de contacto personal. Dunbar lo relacionó también con el tamaño del neocórtex cerebral. Y el profesor Alejandro Piscitelli asegura que es un número muy próximo a la media de amigos que un usuario común tiene en Facebook.

opera en la mente de un individuo que consume una marca: la confianza.

Así pues, a lo largo de los últimos 7.000 años, cada grupo de habitantes construyó su ciudad y le dio vida. Pero también cada ciudad construyó su imagen en la mente de sus ciudadanos:

> La imagen urbana se forma a partir de la percepción concreta o mediatizada de la realidad. Refleja las desigualdades sociales o de género existentes y condiciona el comportamiento de los ciudadanos en su localidad de residencia. Se puede considerar que cada persona posee una imagen particular del hecho urbano, si bien es posible encontrar similitudes en la lectura de la organización interna de una ciudad entre individuos que tienen una edad semejante, pertenecen a grupos socioprofesionales afines o residen en el mismo barrio.[7]

Esta «imagen urbana» que proporciona seguridad y «condiciona el comportamiento de los ciudadanos» es una simplificación de una realidad inabarcable de cualquier otro modo por la mente humana y coincide exactamente con lo que en marketing se denomina «marca», ya sea personal o industrial, lo que condiciona el comportamiento, en este caso, de los consumidores.

> Una marca es, según varias definiciones existentes:
>
> - Un nombre o un símbolo utilizado para identificar productos o servicios de los fabricantes para diferenciarlos de otros bienes o competidores. (Los nombres o símbolos son parte de una marca, pero es una definición incompleta).
> - Una forma de identificar y asociar un producto o servicio con un compromiso de satisfacción y calidad.

---

[7] *Diccionario de urbanismo. Geografía urbana y ordenación del territorio.* VV. AA., Cátedra, pág. 199.

- Un conjunto de características (o cualidades) asociadas a un símbolo o nombre de marca que incrementa (o reduce) valor a un producto o servicio.
- Es un conjunto de percepciones en la mente de un consumidor.
- Es una promesa de valor.
- Es una conexión emocional entre nosotros y nuestro entorno.
- Es la expresión de que algo es único.
- Es un reflejo de nuestras competencias.
- Es la percepción de nuestra identidad.
- Es la muestra de nuestra autenticidad.
- Es una descripción poco convencional de nuestra personalidad.
- Es un reflejo de nuestros valores y pasiones.
- Es una comunicación constante de nuestras habilidades.
- Es la definición de la confianza.[8]

Yo me permito añadir dos definiciones más y una tercera de un gurú. La primera, una marca es una promesa consistente en el tiempo; la promete su comunicación y es cumplida por sus productos o servicios. La segunda, una marca es un proveedor de conversaciones; sin su aspecto social, una marca simplemente no existe. Y por último, la definición del fundador de Amazon, Jeff Bezos: tu marca es lo que los demás dicen de ti cuando ya no estás delante.

Aunque por si éramos pocos, parió la abuela; hace poco me dieron otra definición que también puede sernos útil: una marca es una respuesta emocional ante una imagen, ante el nombre de una empresa o ante una persona. Una respuesta emocional, tan sencilla de definir como compleja de obtener y, sobre todo, de medir.

---

[8] *Marca personal. Cómo convertirse en la opción preferente,* Andrés Pérez Ortega, ESIC, pág. 65.

Sea cual sea la definición con la que elijamos trabajar, hablar de marcas es hablar de Rosser Reeves, legendario publicitario que reinventó en las décadas de 1940 y 1950 la comunicación tal como la conocemos hoy, y en quien se basan muchas de las historias que habrás visto en la serie *Mad Men*. Entre las muchas cosas que hizo por el sector, elaboró las primeras campañas de Eisenhower en televisión con la fórmula del testimonial, contestando al americano medio mientras miraba a cámara.

Reeves además creó cientos de eslóganes en la década de 1940, entre ellos uno para la marca m&m's que todavía hoy se utiliza: «Se derrite en tu boca, no en tu mano». Pues bien, quizá aún teniendo en cuenta esas importantísimas campañas, la contribución más grande de Rosser Reeves al sector publicitario no sea tal, sino la invención de un concepto sobre el que han trabajado todos los profesionales desde entonces: Unique Selling Proposition (USP), la «propuesta única de venta». La USP resume la respuesta a la pregunta: «¿Qué es lo único en lo que tu producto es diferente?». «Busca una cosa que decirle al consumidor que sea única; aunque no lo sea, le venderemos al consumidor que somos únicos en eso».

Hoy existen 2.963.651 ciudades sobre la faz de la Tierra, ciudad arriba, ciudad abajo[9]. Pongamos tres millones. Aunque si tomásemos sólo las que albergan más de 100.000 personas, nos quedaríamos con dos millones. Da igual. El hecho es que en 2014, más de la mitad de la población, es decir, más de 3.500 millones de seres humanos, ya vive en estas ciudades[10]. Y aseguran que pronto la población urbana llegará a ser el 60 por 100 de la humanidad:

---

[9] http://carta-natal.es/ciudades/

[10] http://www.larazon.es/detalle_hemeroteca/noticias/LA_RAZON_257668/5807-megaciudades-la-mitad-del-planeta-es-ya-urbano

> La proporción de la población mundial que vive en zonas urbanas aumentó de sólo el 3% en el año 1800 al 14% en el año 1900. En 1950, había alcanzado el 30%. En la actualidad, la cifra supera el 50%. En los países desarrollados, tres cuartas partes de la población vive en zonas urbanas.[11]

Tres millones de percepciones en cada uno de los cerebros del planeta que condicionan la vida de más de 3.500 millones de personas. Tres millones de imágenes que marcan nuestro presente y nuestro futuro, nuestros miedos y nuestras esperanzas a la hora de tomar nuestras decisiones vitales.

URBRANDS es una nueva forma de analizar la construcción de una marca, ya sea personal o industrial.

Y así es como llegamos a la definición de URBRAND. Una URBRAND es una ciudad que se convierte en marca. Pero también es una marca —personal o industrial— construida como ciudad.

Cada uno de nosotros hoy es una ciudad. Con sus barrios. Con sus zonas de ocio. Con sus monumentos. Con sus lugares de culto. Con sus luces. Con sus sombras. Nos hemos construido de dentro a afuera. Desde nuestro centro histórico hasta nuestra periferia. Desde lo que hoy son edificios protegidos hasta nuestras ciudades dormitorio que se acaban de edificar. Somos el territorio que alguna vez ocupamos. Pero también la gente que nos visitó, aunque sólo fuera por unos días.

Hoy en día, cualquier persona o cualquier marca es mucho más compleja que un simple logotipo o un nombre y un apellido. Va mucho más allá. Y este libro trata de abordar esa complejidad viva, cambiante y en constante transformación desde un sencillo análisis y desde una disciplina muy acostumbrada a hacerlo.

---

[11] *Las ciudades creativas. Por qué donde vives puede ser la decisión más importante de tu vida,* Richard Florida, Paidós, pág. 28.

Pero URBRANDS también es un libro.

Lo que tienes entre tus manos no aspira a mayor pretensión que la de cambiarte la visión que tienes de las marcas, de las ciudades y de las personas. Ahí es nada. Lo he llamado URBRANDS, pero podría haberlo llamado «Cosmogonía posmoderna de la urbanización del metaconsumo», eh, y me habría quedado igual.

Sólo especificar que a lo largo del mismo exploraremos cómo se construye una URBRAND de forma más o menos pormenorizada diseccionando las áreas de las que se ocupa el urbanismo de cualquier ciudad.

Que conste que no se trata de dar recetas mágicas a nadie. Quien te venda eso te está mintiendo, y encima seguro que te cobra más que yo. Aquí la única receta válida es la que funciona. Y lo que me haya funcionado a mí no tiene por qué ser lo que te vaya a funcionar a ti. Pero sí espero que seas capaz de analizar en tu caso tus ingredientes, y a partir de ahí, acabar cocinándote tú el plato.

La idea es elaborar una analogía más o menos coherente entre la construcción de una marca personal o industrial y la construcción de una ciudad en cada uno de sus aspectos. No pretendo ser exhaustivo, sino inspirador. No he buscado el rigor metodológico, sino la provocación intelectual. Mi intención no es racionalizar nada, sino más bien estimular la imaginación. Por eso, en ocasiones, puede que a alguien le parezca una asociación arbitraria o incluso forzada. Ya me está bien. Creo que la metáfora no es más que una plataforma de lanzamiento de nuevas ideas, un nuevo escenario sobre el que poder cuestionárselo todo, y a tal efecto he utilizado todos los recursos a mi favor, y por supuesto, todas las teorías y prácticas vigentes del marketing *online* y *offline,* que se encuentran en completa revisión y actualización.

Por último, antes de entrar en materia, he decidido dividir el libro en tres partes diferenciadas, que separan las diferentes

áreas de contenido en las que puede desarrollarse cualquier URBRAND.

En la primera, «Estar», veremos aquellos aspectos que hacen referencia a su situación geográfica, a su lugar de origen, a sus condiciones de partida.

En la segunda parte, «Ser», analizaremos los apartados que tienen que ver con su forma de presentarse ante el mundo, con su carácter, con su composición, su personalidad y su singularidad.

Y en la tercera parte, «Hacer», detallaremos aquellas cosas que hacen referencia a su comportamiento, no tanto a lo que es o a lo que cree y siente como a lo que realmente acaba realizándose y llevándose a cabo.

Al final de cada parte incluiré la historia más reciente de Ristópolis, mi URBRAND personal que empezó con mi aparición en televisión, siguió con la apertura de mi cuenta en Twitter y continúa en su recorrido transmedia por varios formatos y contenidos hasta llegar hasta hoy. Insisto, mi intención no es otra que compartir contigo lo que a mí me ha funcionado, y dejarte a ti las conclusiones de por qué crees que me ha funcionado. Que conste que no me postulo ni mucho menos como experto en nada, pues si supiera de lo que hablo no saldría por la tele. En el caso concreto de Twitter aprendo mucho, lo que pasa es que todavía no sé de qué. No esperes que entienda mucho del tema. Ni que te dé recetas mágicas. El porqué habría que preguntárselo a los 1.780.000 seguidores en Twitter que siguen aumentando, a los 370.000 amigos en Facebook y a los 100.000 seguidores en Instagram[12]. También a los que me otorgaron en 2013 el premio Tweets Awards[13], a los que me convir-

---

[12] Y sobre todo si piensas que esos números son gracias a que un día salí por la tele, este libro es para ti.

[13] http://ristomejide.com/2013/10/10/risto-mejide-recibe-el-premio-tweets-awards-2013/

tieron en el presentador más nombrado[14] de ese año o a los que hicieron que mi marca personal fuese elegida la más influyente del país:

> En el Informe InfluyenTTes 2013 referido a los usuarios más presentes en los tuits destacados de los TT (ver web InfluyenTTes.org) obteníamos que la cuenta @RistoMejide es la número 21 en el *ranking* general, y la número uno como marca personal (usuarios que corresponden a una persona física no anónima).[15]

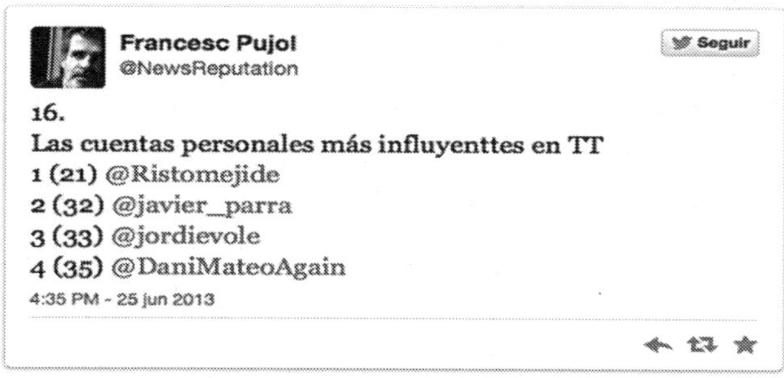

Para terminar, no esperes que en este libro te diga que todo el mundo PUEDE crearse su propia marca personal. Yo te diré que todo el mundo DEBE INTENTARLO, aunque sólo sea por lo poco que tienes que perder y lo mucho que puedes llegar a ganar. A partir de ahí, que el talento, la oportunidad y la tenacidad de cada uno repartan suerte.

---

[14] https://es.tv.yahoo.com/fotos/los-diez-presentadores-m-nombrados-slideshow/risto-mejide-photo-133716169.html

[15] http://smreputationmetrics.wordpress.com/2013/09/25/cuando-una-queja-se-convierte-en-una-crisis-risto-mejide-una-baja-en-canal-plus-unhdmiy2euroconectores-35-euros-y-twitter/

Objetivo de Urbrands

Y todo esto para qué

El origen de toda ciudad está en sus carencias:

> Podemos definir las ciudades como agrupaciones de población que no producen por sí mismas los medios para su subsistencia.[1]

Por tanto, el primer objetivo en la construcción de una URBRAND está en suplir las carencias de sus ciudadanos. En encontrar las famosas sinergias. En el más puro intercambio, ya sea de bienes, información o de personas físicas:

> La historia de las ciudades ha estado marcada por la historia de las técnicas de transporte y almacenamiento de los bienes

---

[1] *Los nuevos principios del urbanismo,* François Ascher, Alianza Ensayo, pág. 19.

> (b), la información (i) y las personas (p). Este sistema de movilidades que denominamos «sistema bip» constituye el núcleo de las dinámicas urbanas, desde la escritura hasta Internet [...].[2]

Bienes, información y personas. Exactamente lo mismo que discurre por nuestras vidas. La biografía de cualquiera de nosotros se podría construir simplemente glosando lo que has tenido, lo que has aprendido y con quién has estado, a quién has conocido de verdad. Con esos tres datos tendríamos una idea de lo más importante de la vida de cualquier mortal. Y no sólo es cómo lo llevas, cómo lo «transportas» de un lado a otro, sino también y sobre todo cómo lo «almacenas», es decir, en qué lugar de tu memoria decides dejarlo. Si es que decides almacenarlo. Si es que te permites a ti mismo esa opción.

Y por supuesto, por la historia de cualquier marca comercial pasarán también activos —productos, eventos, etc.—, información —servicios asociados, gestión de clientes, etc.— y personas —consumidores, competidores, prescriptores, etc.

Conseguir gestionar esa dinámica del «sistema bip» será clave en el éxito o fracaso de su construcción como marca, así que puede que sea el primer objetivo de toda URBRAND. Pero no el único. La modernización del ser humano es el fruto de tres dinámicas heredadas de la Edad Moderna:

> La modernización es un proceso que surge mucho antes de la época que conocemos como Edad Moderna. Fue el resultado de la interacción de tres dinámicas socioantropológicas: [...] la individualización, la racionalización y la diferenciación social.
>
> [...] Podemos definir la individualización en primer término como la representación del mundo, no a partir del grupo al

---

[2] *Los nuevos principios del urbanismo,* François Ascher, Alianza Ensayo, pág. 20.

> que pertenece el individuo, sino a partir de su propia persona. [...] Así pues, las sociedades modernas separan y reúnen individuos y no grupos.
>
> [...] La racionalización es una forma de «desencanto del mundo» porque adjudica a las acciones humanas y a las leyes naturales lo que antes se atribuía a los dioses.
>
> La diferenciación social es un proceso de diversificación de las funciones de los grupos y de los individuos en el seno de una misma sociedad. [...] La diferenciación produce la diversidad y la desigualdad entre grupos e individuos, y engendra una sociedad cada vez más compleja.[3]

Y como muy bien describe Ascher, ahora ya sabemos que han dejado a las URBRANDS solas ante los mismos retos que los de una gran ciudad[4]:

1. La Metapolización, o la concentración de mayor riqueza en aglomeraciones urbanas cada vez más importantes. Lo mismo ocurre con marcas como Google, que concentran cada vez más servicios. La ley de Pareto llevada al extremo.
2. La transformación de la movilidad urbana: nuevas políticas de transporte de bienes, información y personas. Nuevas tecnologías que lo cambian todo.
3. La recomposición social de las ciudades: movimientos de grupos sociales que redibujan el mapa de cualquier lugar. Y de cualquier URBRAND.
4. La redefinición de los intereses individuales, colectivos y generales y de las relaciones entre ellos: desde la nueva concepción de familia hasta los nuevos estados plurina-

---

[3] *Los nuevos principios del urbanismo,* François Ascher, Alianza Ensayo, pág. 21.

[4] Ibíd., pág. 21.

cionales, nuevos colectivos que reclaman nuevas formas de tratarlos.

5. La asunción de nuevos riesgos: paradójicamente, buscando una mayor seguridad, como veremos, el individuo se acaba sometiendo a nuevos riesgos hasta entonces totalmente desconocidos para él.

Ante estos retos, existen numerosas formas de posicionarse y afrontarlos. La más clásica es la que expuso Abraham Maslow a mediados del siglo XX mediante su famosa jerarquía de las necesidades, un verdadero *hit* en todo libro de autoayuda que se precie, que con el permiso del lector me voy a ahorrar de exponer de nuevo, para no insultar ni a su cultura ni a su inteligencia ni a su buscador.

En el otro extremo, más moderno y seguramente más pragmático, sir Ken Robinson, exasesor de Tony Blair en materia de educación y uno de los conferenciantes más visionados del TED, analiza en un famoso libro[5] el valor de encontrar lo antes posible en la vida lo que él llama «el elemento», o lo que mi abuela llamaba tu vocación, la confluencia entre lo que me gusta hacer y lo que se me da bien:

> El Elemento es el punto de encuentro entre las aptitudes naturales y las inclinaciones personales. [...] Cuando las personas están en su Elemento establecen contacto con algo fundamental para su sentido de la identidad, sus objetivos y su bienestar. Experimentan una revelación, perciben quiénes son realmente y qué deben hacer con su vida.[6]

---

[5] *El Elemento. Descubrir tu pasión lo cambia todo,* Ken Robinson, Random House, 2010.

[6] Ibíd., pág. 44.

Yo lo complementaría así: hay que encontrar de todas las cosas que nos gustan, las que también les gusten a los demás. Porque esas son las que nos permitirán vivir de ellos. Es decir, lo que nos gusta, lo que se nos da bien y lo que además está recompensado. Y no pensemos sólo en recompensa económica. Una recompensa también puede ser emocional. De hecho, casi siempre lo es.

Para saber lo que nos gusta hacer, debemos poder especializarnos. Y para saber lo que les gusta a los demás, debemos tenerlos lo suficientemente cerca como para preguntárselo. Para ambas tareas, una ciudad es no ya necesaria, sino imprescindible.

Por tanto, y siguiendo al argumentación de Robinson, para conocer realmente nuestros objetivos, para estar en contacto con quiénes somos, hacia dónde vamos y qué es lo que debemos esperar de nuestra vida y de nuestro talento deberemos conocer lo antes posible en qué somos buenos y qué es lo que nos gusta hacer. Nosotros, las marcas comerciales y las ciudades, también.

Y las ciudades, o más concretamente las regiones, se han ido especializando según sus distintas personalidades, como si de individuos se tratasen:

> Las regiones, al igual que las personas, tienen personalidades definidas. Es cierto que, a veces, los opuestos se atraen y siempre es posible que funcionen maridajes poco habituales, pero, en la mayoría de los casos, las personas son más felices y se sienten más realizadas en regiones que encajan con sus personalidades.[7]

La globalización ha traído una Tierra que es de todo menos plana, pues las zonas geográficas se han especializado en sus

---

[7] *Las ciudades creativas. Por qué donde vives puede ser la decisión más importante de tu vida,* Richard Florida, Paidós, pág. 201.

funciones, otorgándole muchísima más importancia al *dónde* hacemos las cosas, incluso antes que al *qué:*

> La realidad es que la globalización tiene dos caras. La primera, y más obvia, es la expansión geográfica de funciones económicas rutinarias, como los procesos de fabricación sencillos o la prestación de servicios (por ejemplo, emitir y recibir llamadas telefónicas). La otra cara de la globalización es menos evidente y consiste en la tendencia a la concentración que presentan las actividades económicas de alto nivel, como la innovación, el diseño, las finanzas y los medios de comunicación.[8]

Y de nuevo, recorriendo el mismo camino en sentido contrario, lo que es válido para una ciudad, lo es también para cualquier profesional:

> En este mundo en el que nadie es imprescindible, tener una marca personal te ayuda a posicionarte en un lugar privilegiado en la mente de quienes quieras que te tengan en cuenta. Te hace ser percibido como un profesional o una persona singular, única y que aporta unos beneficios claros a tu mercado y a quienes te rodean.[9]

Encontrar tus carencias y tus dones. Conocer en qué eres bueno y de eso, identificar algo que te vayan a reconocer los demás como una aportación de valor. Y todo eso, para poder construir tu valor de marca, para ofrecer algo que alguien aprecie, para diferenciarte de la competencia y atraer a más talento

---

[8] *Las ciudades creativas. Por qué donde vives puede ser la decisión más importante de tu vida,* Richard Florida, Paidós, pág. 29.

[9] *Marca personal. Cómo convertirse en la opción preferente,* Andrés Pérez Ortega, ESIC, pág. 38.

de mayor calidad. Las bases para construir una URBRAND poderosa, ya seas una persona, una marca, o cualquier ciudad. Citando a uno de los expertos más importantes en *Personal Branding* de nuestro país, Andrés Pérez Ortega:

> El propósito del Branding Personal (proceso) es conseguir identificar aquello que te hace valioso, útil y fiable para que te perciban como la persona/profesional con quien hay que estar o trabajar. El objetivo de todo eso es desarrollar tu Marca Personal (resultado).
>
> El objetivo final de una marca, personal o comercial, es que te ELIJAN.
>
> Es aplicable en una entrevista de trabajo, en una evaluación anual o incluso en el entorno personal para ser el amigo con quien todos quieren estar o la persona a la que hay que conocer.
>
> Se trata de aprender a vender lo que haces para no tener que venderte tú.[10]

¿A quién va dirigido URBRANDS? A cualquiera que tenga nombre y apellidos. A cualquiera que haya entendido que su nombre propio también es una marca que hay que gestionar. Porque si tú no gestionas tu propia marca, alguien lo hará por ti. De manera aleatoria, casual o accidental, pero no dudes que tu marca ahora está en manos de alguien, y quizá mejor que ese alguien seas tú.

También va dirigido a cualquiera que pretenda conseguir *followers,* seguidores o amistades en las redes sociales. Más que nada, porque aquí descubrirá que no hay forma más allá del contenido. No voy a descubrirte la sopa de ajo, pero si quieres compartiremos la mía.

---

[10] http://www.marcapropia.net/que-es/preguntas-frecuentes

Además, URBRANDS va dirigido especialmente a todo aquel que haya oído hablar del *Personal Branding* y no sepa ni por dónde empezar. Y para todo aquel que esté harto de los manuales de autoayuda, los libros para ganar amigos, los libros para influir sobre los demás y los que te prometen cualquier cosa, desde una vida de millonario hasta una erección. Aquí prometo no prometerte nada que no vaya a cumplir. Lo contrario que cualquier político, sí.

Asimismo, espero que los profesionales del marketing y la comunicación hallen entre las páginas de URBRANDS destellos y vetas de inspiración para repensar lo que sea que se lleven entre manos. Creo sinceramente que una analogía como la planteada en este libro tiene aún muchísimas posibilidades en el terreno de la construcción y desarrollo de marca, investigación de mercado, posicionamiento y segmentación e incluso planificación estratégica. A tal efecto he incluido las últimas reflexiones y ejemplos prácticos de profesionales y empresas que desde mi punto de vista están innovando y replanteándose todo lo establecido desde cualquier rincón del mundo.

Por último, este libro va especialmente dirigido a los gurús del *Personal Branding* que dan lecciones de cómo construirse una marca personal y, sin embargo, ahora mismo soy incapaz de recordar sus nombres. Da igual, ellos ya saben quiénes son. Espero.

A todos, mis más sinceros respetos y mi agradecimiento y estupefacción a los que encima hayan pagado por leerme. Siempre les recomiendo que guarden el tique. Conmigo y con todos los demás. No vaya a ser.

Sin embargo, antes de entrar en materia, y para ser justos, me gustaría arrancar URBRANDS por donde arranca la vida de cualquier ser humano. Me gustaría arrancar URBRANDS hablando de ellas.

Ellas DF

Mucho antes de que existieran los GPS, la inmensa mayoría de los taxistas de Barcelona llevaban siempre consigo un callejero con forma de misal. Era un libro pequeño, gordo, normalmente maltratado y manoseado, al que le faltaban páginas y al que acudían sin pensar y de forma automática en cuanto no les sonaba la calle a la que ibas. Solía ser un proceso interrumpido por los semáforos en verde. Solía ser un proceso interactivo con el pasajero. Solía ser un proceso en el que conductor y cliente aportaban a medias la información necesaria para llegar a destino.

Nada de todo esto tendría ningún sentido sin ellas. Sin todas y cada una de ellas. Las mujeres que han pasado por mi vida y las que me gustaría que lo hubieran hecho. Las que se fueron por su propio pie y las que fui yo el que las invitó a marcharse. Con las que sueño todas las noches y con las que todavía tengo pesadillas.

Si cada uno de nosotros somos ciudad, ellas han sido mi destino, mis Distritos Federales. Las que configuraron mis

barriadas, mis suburbios y hasta mis más bajos fondos. Con algunas siempre hemos dejado puentes tendidos. Con otras hace tiempo que no llega ni un triste autobús. Pero todas, absolutamente todas, fueron cruciales para la construcción de esta capital a la que llamo vida.

Por eso, como homenaje pero también como minúsculo callejero sentimental, he incluido en casi todos los capítulos historias, reflexiones y anécdotas que recuerdo con algunas de ellas, muchas seguramente inventadas y exageradas por el paso del tiempo y la lente de aumento de la memoria, siempre tan injusta y selectiva. Pero como con los callejeros de los taxistas, entre ellas y yo hemos podido llegar a reconstruir éste que te escribe.

No todas gozaron de la misma importancia, ni mucho menos. Pero todas me dejaron su legado, su aportación. Todas fueron ciudades por las que pasé. En algunas me quedé a dormir. En otras, sólo estuve de paso. Y en pocas, muy pocas, me quedé a vivir.

Los que me siguen en el *El Periódico de Catalunya* todos los domingos, descubrirán además entre estas páginas seis de mis artículos favoritos publicados hasta la fecha, dedicados como no podía ser de otro modo a cada una de sus protagonistas.

A todas ellas las llamo por el sobrenombre de una ciudad. No es necesariamente la ciudad en la que nos conocimos, ni en la que vivimos, ni a la que viajamos juntos, nada de eso. Tan sólo son etiquetas para ilustrar mejor su carácter, su actitud o su personalidad.

Soy consciente de que sería más justo hablar de personas, así en general. Pero yo prefiero hablar del género al que adoro y me ha fascinado siempre. Dejo para otro el libro que hable de nosotros. A quien le fascinemos, adelante, no se corte. Seguro que le sale muchísimo mejor que a mí.

Primera parte

ESTAR

Hay muchas formas de estar en el mundo.
Pero sólo una es la que has elegido tú.

1

Toponimia

Yo nunca me llamo, a mí me llaman

New York

Robert Lane no es nadie especialmente conocido. No creo que llegue a salir jamás en los libros de historia, no me consta que creara nada especialmente relevante ni para ser famoso y seguramente ya no vaya a hacerlo, pues hace años que murió. Ni en vida, ni mucho menos después, le dedicaron un informativo o un gran artículo de opinión a cinco columnas. Y sin embargo, merece todo eso y mucho más.

En 1958, el señor y la señora Lane tuvieron un hijo. No era el primero. Ni sería el último. No obstante, en un alarde de optimismo y buenos deseos, el señor Lane decidió llamar a su hijo Winner (ganador).

Pasaron los años y a la próspera familia Lane se le unieron nuevos miembros a los que el señor y a señora Lane fueron poniendo nombres de lo más comunes. Hasta que llegó el último hijo que la naturaleza les permitió tener. Y quién sabe si como respuesta al punto final del caprichoso destino, o como alarde de creatividad, o de sadismo, al señor Lane no se le ocurrió otra cosa que llamar a su último retoño Loser (perdedor).

Dónde está el defensor del menor cuando realmente se le necesita, te preguntarás. Pero antes de crucificar públicamente al señor Lane, conviene primero recordar que llegamos tarde y conviene también repasar la vida de sus dos vástagos, que no tiene desperdicio.

Loser fue un buen estudiante y un gran atleta, lo que le valió para una beca en el Lafayette College de Pennsylvania, enrolándose en la policía local años más tarde «para hacer feliz a mi madre»[1], donde llegó al cargo de inspector del distrito de South Bronx en Nueva York.

La evolución de Winner, tan sólo tres años mayor que su hermano, fue algo menos exitosa. Hace poco salió de la cárcel tras dos años recluido en el centro penitenciario de Southport, Elmira, Nueva York. Pernocta a menudo en un hogar para indigentes y ha sido detenido en numerosas ocasiones por hurtos y pequeños delitos.

* * *

Existen algunos nombres difíciles de comprender. URBRANDS que pretenden decirnos algo a través de su denominación, pero que al menos a mí, ese algo se me escapa. Por ejemplo, qué puede llevarle al propietario de un parque infantil llamarlo

---

[1] http://articles.chicagotribune.com/2002-07-31/news/0207310310_1_prep-school-burglary-case-criminal-justice-system

«Zorrilandia», al dueño de una ferretería ponerle a su negocio el nombre de «Maricón» o a los responsables de una clínica llamarla «La Muette». Todos ellos ejemplos tan sorprendentes como reales[2]. Todos ellos, seguramente, fruto de un golpe en la cabeza o de una mala tarde, que la tiene cualquiera.

Y es que los nombres de las URBRANDS nos comunican muchas cosas. Son el primer impacto que cualquiera recibe. La primera impresión. Y las personas, como las URBRANDS, somos producto de nuestra historia. La elección de nuestro nombre, por tanto, debe ser de todo menos casual:

> [...] parece evidente que el nombre de una ciudad puede ser un referente claro sobre el origen de un lugar; como León (Legio Septimina) o Almería (Al-meri-ya). Cuando la creación de las ciudades data de siglos recientes, dichos referentes suelen ser más manifiestos: La Carolina, Villa Carlos o San Carlos de la Rápita son muestras de las repoblaciones carolinas del XVIII, por ejemplo. Con relación a los nombres de partes de la ciudad o de elementos urbanos pueden hacerse también algunas apreciaciones generales. En las zonas más antiguas de la ciudad predominan los nombres de origen popular, referidos a características destacadas del caserío o de su contenido social. Son muy frecuentes las denominaciones relativas a profesiones y gremios, así como a la condición social de los habitantes, y no falta la reseña de la ubicación de la nobleza urbana o de las minorías religiosas, como la judía o la musulmana, en las ciudades españolas del Antiguo Régimen.[3]

A ti, individuo, persona, lector, un día tus padres te pusieron un nombre. Tuvieron que elegirlo. Se vieron en la tesitura

---

[2] http://www.sopitas.com/site/206867-los-negocios-con-los-peores-nombres/

[3] *Diccionario de urbanismo. Geografía urbana y ordenación del territorio,* VV. AA., Cátedra, pág. 371.

de tener que hacer un acto de lo que se denomina *naming,* la disciplina del marketing que se ocupa de poner nombres a los productos y a las marcas. Y lo tuvieron que hacer por obligación, no les quedaba otra. Estuvieran preparados o no, formados o no en dicha disciplina, tuvieron que llegar a un conjunto de letras que sería aquel por el que tú serías conocido y reconocido el resto de tus días. Piensa en esa responsabilidad. Y piénsalo si te llamas Hermenegildo, Segismundo o similar.

> ¿Qué podemos decir de Marion Morrison? Era un nombre un poco femenino para un vaquero muy macho, de modo que el actor lo cambió por el de John Wayne.
>
> O bien, ¿qué opina del nombre Issur Danielovitch? La famosa estrella de cine quien cambió primero su nombre por el de «Isadore Demsky» y, posteriormente, por el de Kirk Douglas.[4]

No se trata de un acto sencillo. De hecho, es quizá el acto más importante de marketing que cualquier ser humano puede llevar a cabo. El de elegir un nombre para otro ser humano.

> Shakespeare estaba equivocado. Si la rosa llevara cualquier otro nombre, no olería tan bien. Usted no sólo ve lo que desea ver, también huele lo que desea oler; por esta razón, la decisión más importante en el marketing de un perfume es el nombre que uno decide ponerle a la marca.
>
> [...] En la isla de Hog, en el Caribe, no pasaba nada hasta que a ésta se le cambió el nombre por el de «Isla Paraíso».[5]

[4] *Posicionamiento: la batalla por su mente,* Al Ries y Jack Trout, McGraw Hill, pág. 209.

[5] Ibíd., pág. 89.

Seguro que si en tu vida existe o ha existido un «Ernesto» que te cae mal, tú jamás le pondrás ese nombre a tu hijo. Por muy bonito que suene. Por muy importante que sea llamarse así. De hecho, te influye incluso el lugar de España donde te encuentres:

> España es un país de *garcías* (de 1.478.972 de *garcías*, en concreto) en el que antes reinaban las *maricármenes* y los *antonios* y ahora los *alejandros, danieles, pablos* y *lucías, marías y paulas*.[6]
>
> Ahí van los nombres que más se han puesto a los bebés nacidos entre 2010 y 2012 según el lugar en el que hayan nacido de la península:[7]

---

[6] http://www.huffingtonpost.es/2014/05/23/nombres-mas-frecuentes-espana_n_5379867.html

[7] Ídem.

Y es que a la hora de elegir un nombre para la descendencia, se suelen tener en cuenta múltiples factores:

- Nombres de los padres
- Nombres de otros familiares
- Nombres de amigos y referentes para los padres
- Gustos de los padres
- Modas
- Factores geográficos del nacimiento
- Idiomas en los que se deberá pronunciar el nombre
- Posibles apodos y diminutivos
- Compatibilidad con los apellidos de sus progenitores
- Eufonía y cacofonía
- Historias personales con nombres propios
- Enemigos y nombres de personas non gratas
- Etc.

Si te has visto alguna vez en esa situación, sabrás de lo que te estoy hablando. Ponerle un nombre a un hijo es un acto de lo más complejo que a veces llevamos a cabo de manera demasiado simple. Y si no, que se lo pregunten a Robert Lane.

Sin embargo, sea como fuere, y tal y como refleja la anterior lista, el nombre que elijas para tus hijos siempre será reflejo de una parte de tu historia. De tus gustos. De tus amigos y enemigos. De tu situación. De tus anhelos. Incluso de tu procedencia. Si distribuyésemos los nombres más comunes según su lugar de residencia sobre un mapa de la geografía española, nos quedaría algo así[8]:

---

[8] http://www.huffingtonpost.es/2014/05/23/nombres-mas-frecuentes-espana_n_5379867.html

Por eso, analizar un nombre es analizar de dónde viene quien lo ostenta, pero también cuáles son sus valores, sus objetivos en la vida y su cultura:

> Es muy frecuente la consideración de privilegio de ciertos lugares con nombres de mayor peso en el seno de cada cultura nacional, regional o local, pues los cambios políticos suelen dejar su huella en la rotulación de las vías urbanas, de modo que conceptos como constitución, victoria, república, libertad y democracia no es difícil que se sucedan en las plazas o vías de mayor consideración de una ciudad.[9]

Todo esto sin perjuicio de que los Jonatan, los Borja Maris, los Pocholos y los Kevin Costner de Jesús sean casi siempre y en casi todos los casos unas bellísimas personas.

---

[9] *Diccionario de urbanismo. Geografía urbana y ordenación del territorio,* VV. AA., Cátedra, pág. 371.

Urbrandízate

¿Quién eres tú? ¿Por qué quieres destacar? ¿Por qué deberíamos el resto de la humanidad perder el tiempo fijándonos en ti? ¿Cuáles son tus orígenes, tus valores, tus habilidades y tus virtudes? ¿Cuál es la historia que te ha llevado hasta aquí? Y sobre todo, ¿de qué manera se puede condensar todo eso en una palabra o en una expresión sencilla, universal y memorable? ¿Está libre el dominio.com?

2

Localización

Usted está aquí

Andratx

Conocí a Andratx haciendo cola para subir a un ferry. Ella con su pareja y yo con la mía. Todos de vacaciones. Qué alegría. Qué alboroto. Otro perrito piloto.

Ya durante la espera se hizo evidente algo realmente incómodo para los cuatro: Andratx y yo conectamos de una manera desproporcionada a los pocos minutos que hacía que nos conocíamos. Nos reíamos todo el tiempo de lo mismo, mientras que nuestros respectivos se veían obligados a asistir a nuestro improvisado festival del humor como jueces de línea profesionales degradados a arbitrar de pronto un torneo infantil.

Con cada carcajada de Andratx, yo notaba que mi pareja me iba descontando futuros polvos. Y de esos polvos, estos lodos.

Subimos al ferry y cuando llegamos a la primera cubierta, la asignación de butacas hizo que nos volviésemos a separar por parejas. Un concepto que desde ese momento quedaba obsoleto e incompleto, pues si a Andratx y a mí nos hubieran preguntado, seguro que habríamos preferido las potenciales a las actuales.

Andratx y yo nos despedimos con aquellos dos besos que tropiezan en la mejilla de camino a la boca. Nuestras parejas se despidieron como el preso se despide de su alcaide: con la sana y mutua intención de no volverse a ver ya nunca más.

Por delante nos esperaban ocho horas de noche en una embarcación de lo más aburrida en la que sólo se podía hacer una cosa: tratar de dormir.

Y fue justo lo que ni supe ni quise aprender a hacer.

Por mi cabeza rondaban las preguntas menos adecuadas si uno lo que pretende es cerrar los ojos. Y cuando una pregunta no te deja descansar, ignorarla hoy puede significar no volver a hacerlo tranquilo el resto de tus días. Soñar despierto es incompatible con hacerlo dormido. Sabía que la mujer de mi vida podía encontrarse en ese barco. Y ahora también sabía que era muy posible que no fuese la que dormía a mi lado. Cuando tienes el qué y el cómo, y sólo te falta el dónde, quieres que el cuándo comience lo antes posible. Así que esperé a que todo el mundo estuviese dormido, e inicié la búsqueda.

Empecé por la cubierta principal. Después las secundarias. Las butacas exteriores. Las de clase económica. Las de clase *business*. Las de los accesos al *parking*.

Destapé algunas caras. Iluminé con una linterna otras. Hice que algunos se moviesen para poder ver el rostro de sus parejas.

Se me hizo de día.

Entramos a puerto.

Desembarcamos.

Fueron nuestras últimas vacaciones juntos.

Mi pareja y yo duramos un par de meses más.

Y todavía hoy, cuando conozco a alguien interesante, me pregunto si no se llamará Andratx.

* * *

> Poseer una marca desde el «yo interior» es no tener miedo, porque ha sido creada desde tus valores innatos y estos son los mejores aliados para conquistar cualquier reto por muy complicado que parezca; o reconducir cualquier situación por muy complicada que ésta sea.[1]

Como ves, hemos iniciado nuestro viaje por la parte más dura de nuestra URBRAND, la que no se puede preparar ni impostar. Lo que tú seas no se puede fabricar. Porque ya está fabricado. Tus rarezas, tus manías, tu forma de ser y de actuar ante lo que te ocurre en la vida. Todo aquello que te hace a ti ser tú y no otra persona. Éste será nuestro punto de partida. Esa será nuestra localización inicial.

> La percepción individual, única para cada persona y cambiante con el paso del tiempo, se revela fundamental en la definición de unos determinados espacios o parajes como lugares, dotándolos de un contenido específico. De este modo, es posible referirse a la existencia de un sentido del lugar *(genius loci),* expresión que pone de manifiesto la relación cargada de significados que se establece entre una comunidad y un sitio ligado a su devenir.[2]

---

[1] *Tú eres Dios. Y tu marca personal tu religión,* Ecequiel Barricart, Alienta Editorial, pág. 29.

[2] *Diccionario de urbanismo. Geografía urbana y ordenación del territorio,* VV. AA., Cátedra, pág. 219.

Pongamos que la reencarnación existe, que en la próxima vida ya sabemos que seremos chinos y pongamos que además nos dejan decidir el lugar donde queremos nacer dentro del «País del Centro»[3]. Así, como para empezar con tres suposiciones cotidianas y realistas. Ahora que lo pienso, igual son visionarias. Da igual.

El hecho es que de nuestra decisión dependerá nuestra vida entera, nuestras oportunidades de desarrollo o subdesarrollo y nuestras probabilidades de progresar y de tener éxito, no sólo económico, sino también social:

> Según un estudio detallado llevado a cabo por la Organización Gallup en el año 2006, los ingresos medios de la China urbana eran 2,5 veces superiores a los de la China rural, y casi se habían duplicado desde el año 1999.[4]

Desde que el ser humano es ser humano, el dónde siempre ha determinado el qué.

> Cuando los romanos fundaban una ciudad, cavaban un pequeño foso llamado *mundus,* y en él los jefes de las tribus que iban a constituir esta nueva ciudad iban depositando un puñado de tierra del suelo sagrado donde yacían sus mayores. De este modo la nueva ciudad era también *terra patrum,* patria.[5]

De hecho, la cuna de la civilización occidental floreció en el creciente fértil y no en otro sitio, precisamente porque era

---

[3] Zhong Guo, «País del Centro»; así es como los chinos denominan a China.

[4] *Las ciudades creativas. Por qué donde vives puede ser la decisión más importante de tu vida,* Richard Florida, Paidós, pág. 45.

[5] *Breve historia del urbanismo,* Fernando Chueca Goitia, Alianza, pág. 39.

el sitio donde se reunían las condiciones necesarias para que ocurriese. Es lo que el Premio Pulitzer 1998 Jared Diamond[6] denomina «la pregunta de Yali»: ¿por qué la riqueza y el poder se distribuyeron como lo están ahora, y no de otra manera? ¿Por qué los indígenas americanos, africanos y australianos no fueron quienes diezmaron, sometieron y exterminaron a los europeos y asiáticos?

Diamond encuentra[7] cuatro grupos de respuesta a la pregunta de Yali:

1. Las diferencias entre los continentes en cuanto a especies de animales salvajes y plantas silvestres disponibles como materiales de partida para la domesticación.
2. El ritmo de difusión de los avances tecnológicos, más sencillo en Eurasia debido a su eje principal este-oeste —siempre más fácil y agradable de transitar que el norte-sur— y a sus obstáculos ecológicos y geográficos relativamente modestos.
3. Difusión prácticamente nula en la información intercontinental. Esto ha propiciado que la vía más fácil de comunicación entre continentes haya sido la que ha conducido desde Eurasia hasta el África subsahariana, por la que ha llegado la mayor parte de las especies del ganado de África.
4. El número de sociedades competidoras por superficie fueron más grandes en Eurasia, lo que favoreció más inventores en potencia y más innovaciones disponibles para adoptar.

---

[6] *Armas, gérmenes y acero. Breve historia de la humanidad en los últimos trece mil años,* Jared Diamond, Debate, pág. 11.

[7] Ibíd., pág. 464.

Pues eso mismo ocurre con las marcas. Depende de dónde se sitúe, una marca tendrá mayores o menores probabilidades de convertirse en una URBRAND próspera para sus habitantes. Depende de qué coordenadas ocupemos, estaremos creando una concentración urbana o una rural.

La localización de una marca se establece a partir de los mapas de posicionamiento, que son mapas de percepción en los ejes relevantes para la mente del consumidor:

> El posicionamiento comienza con un producto, esto es, una mercancía, un servicio, una compañía, una institución o incluso una persona, tal vez con usted mismo.
>
> Sin embargo, el posicionamiento no es lo que usted hace con un producto, sino lo que hace con la mente del cliente prospecto, esto es, cómo posiciona el producto en la mente de éste.[8]

Las coordenadas de una URBRAND están en nuestra mente. Colocamos lo que conocemos en mapas donde el norte significa unas veces «caro» y otras veces «de calidad». Por eso, tras su nombre, la decisión más importante que podemos tomar en la construcción de una URBRAND es dónde la queremos colocar dentro de esos «mapas mentales» con los que todos funcionamos:

> La gente ha aprendido a clasificar mentalmente los productos y las marcas para ubicar la enorme cantidad que hay de productos. Tal vez esto pueda visualizarse mejor si uno se imagina una serie de escaleras mentales, donde cada peldaño es el nombre de una marca y cada escalera representa una categoría de producto diferente.
>
> Algunas escaleras tienen múltiples niveles (siete son muchos); otras, si acaso, tienen unos cuantos.[9]

---

[8] *Posicionamiento: La batalla por su mente,* Al Ries y Jack Trout, McGraw Hill, pág. 2.

[9] Ibíd., pág. 37.

Déjame ilustrártelo con el ejemplo personal de un fracaso televisivo, que de esos tengo unos cuantos. El 2 de septiembre de 2009 me estrené —y estrellé— como presentador en un programa producido por La Fábrica de la Tele para el *access prime-time*[10] de Telecinco. Un programa que sería cancelado tras cuarenta y siete episodios, pese a haberse convertido en el *magazine* más visto del año, con una media de 2.355.000 espectadores:

LOS 20 MAGAZINES MÁS VISTOS DE LA TEMPORADA 2009-10

Datos Kantar Media, Total España, individuos 4+ años

Programa	Canal	Emisiones	Horas	%Aud	Miles	Cuota
G-20	T5	47	29	5,4	2.355	12,6
La Noria	T5	47	212	4,6	2.014	16,9
Sálvame Diario	T5	212	721	4,4	1.933	17,9
Sálvame Deluxe	T5	45	199	4,2	1.854	16,1
Corazón	TVE1	214	111	4,1	1.814	15,4
Fresa Ácida	T5	6	6	3,8	1.672	9,6
Magazine sábados tarde	T5	27	75	3,8	1.669	15,6
El Diario	A3	210	331	3,8	1.666	15,2
Gente	TVE1	203	192	3,8	1.650	14,0
Enemigos Íntimos	T5	2	9	3,7	1.613	13,6
Dónde estás Corazón?	A3	44	194	3,7	1.603	13,8
Corazón Corazón	TVE1	65	32	3,3	1.443	12,9
Pánico en el Plató	A3	7	17	3,2	1.409	9,7
Deberías Saber de Mí	A3	7	12	2,9	1.269	14,0
Vaya Par de Tres	A3	10	12	2,9	1.261	10,2
La Noria Express	T5	1	1	2,8	1.223	9,3
Qué Tiempo tan Feliz!	T5	15	34	2,8	1.205	12,1
Sé lo que Hicisteis	LA SEXTA	216	455	2,2	956	7,6
Tal Cual lo Contamos	A3	221	522	2,1	906	8,5
Vuélveme Loca	T5	56	102	2,0	895	10,6

La razón no hay que buscarla sólo en mi inexperiencia entonces como presentador, que por supuesto la hubo, ni tampoco en el decreciente interés mostrado por el espectador, que también existió, pero que en este caso fue más consecuencia que causa. La razón estuvo en la nefasta localización de mi URBRAND.

[10] Franja horaria televisiva que suele cubrir desde las 20:30 hasta las 22:30 horas, aproximadamente y según la cadena.

Todos —empezando por mí— pensamos que la localización de mi URBRAND era naturalmente la televisión, y que hiciese lo que hiciese en ella, con mala leche y polémica, funcionaría. Y no nos dimos cuenta —claro que ahora es fácil, con los datos en la mano, después de la batalla todos somos generales— de que la localización idónea de mi URBRAND NO era delante de una cámara, sino delante del interpelado.

Gran parte de mi éxito televisivo previo se debió a que por primera vez, alguien le decía a alguien algo que todo el mundo pensaba y nadie se había atrevido a decir, y lo más importante, se lo decía A LA CARA. Así fue en *Operación Triunfo* durante las tres ediciones en las que participé. Y en el *G-20,* yo ponía a caer de un burro a un grupo de famosos, sí, pero lo hacía solo, de pie en un plató y hablándole —bueno, mejor dicho leyéndole— a una cámara, mientras el aludido estaba en su casa, cosa que eliminó de mi URBRAND uno de sus ingredientes fundamentales. No fue el único, pero sí uno fundamental: una buena localización. Creímos que mi localización era un lugar absoluto, y resultó ser una posición relativa con respecto a otro.

Y cuando cocinas una paella puede gustar o no gustar, pero si te arriesgas a hacerla sin arroz, el resultado es muy probable que no guste.

URBRANDÍZATE

¿Dónde te podrás desarrollar con mayores garantías? ¿Cuál va a ser el ecosistema para tu URBRAND? ¿Cuál te ofrece mayores garantías de supervivencia? ¿En qué localización tendrás más oportunidades de crecer? ¿Cuál ha sido la que más te ha funcionado en el pasado? ¿Es un lugar o es una posición?

3

Orientación

Teléfono. Mi casa

Manila

Llevo años pesando lo mismo. Siempre rondando los ochenta kilos. Si estaba soltero o estresado —que viene a ser lo mismo— podía llegar a los setenta y ocho kilos, y si estaba casado o relajado —que no tienen nada que ver—, me llegué a elevar por encima de los ochenta y cuatro y más allá.

De ahí que no sólo me pese por un tema de salud —que también—. La báscula al final me está informando permanentemente de mi estado civil e incluso anímico. Es un síntoma numérico infalible para saber cómo me encuentro realmente. Por eso me peso cada quince días. Bueno, igual cada veinte.

Hace un tiempo me compré una báscula electrónica último modelo que, por tener, tenía hasta conexión a Internet. Una maravilla de la técnica de esas que jamás llegarás a amortizar del

todo y que además dispone de una app para el móvil que te va informando de tu evolución a la vez que te motiva para mantenerte en tu peso ideal.

Un buen día, consultando mi peso en la app, de pronto sonó la voz de una mujer que me dejó tieso:

—Enhorabuena, ha perdido usted veinte kilos en una semana.

Ya estamos. O de pronto se ha obrado un milagro endocrino en mi cuerpo, o me encuentro ante el típico juguetito pijo que se estropea antes de llegar a utilizarlo ni siquiera un mes seguido.

En fin, que al principio no le di más importancia. Lo que ocurrió es que al cabo de unos días me pesé y de pronto la misma voz me regañó:

—Vaya, parece que ha recuperado veinte kilos en pocos días. ¡No se desanime!

El cacharro me empezaba a caer casi tan bien como la voz del GPS del coche.

Estaba claro que tenía un problema con la basculita de última generacioncita. A lo largo de las siguientes semanas, de manera sistemática, y siempre según mi amiga, yo ganaba y perdía veinte kilos en menos tiempo del que tardaba en ingerirlos o evacuarlos. Algo estaba fallando, algo iba demasiado mal en uno de los dos organismos.

Justo cuando me disponía a devolver el chisme defectuoso, por casualidad me fijé en un detalle en el que hasta entonces no había reparado. Mis presuntos adelgazamientos masivos se daban siempre el mismo día de la semana: los martes. Precisamente el día en que Manila venía a casa a limpiar.

Manila me enseñó tres cosas: 1) su peso exacto; 2) su tiempo libre; y 3) que hagas lo que hagas, siempre hay alguien mirando, incluso aunque tú no llegues a saberlo jamás.

* * *

Las ciudades tienen su orientación. Hacia dónde miran desde donde están. Y de hecho, no suelen tener una sola orientación, sino varias. Y suelen ser algunas mejores que otras. Si te has comprado un inmueble alguna vez, lo habrás comprobado. No es lo mismo tener orientación a la salida y puesta del sol que a la cara sombría de una montaña. No es lo mismo ver el atardecer desde tu terraza que no ser capaz de vislumbrar si llueve o hace sol desde donde estás.

La localización te dice tan sólo dónde te encuentras. Pero la orientación te dice lo que puedes llegar a ver, hasta dónde alcanza tu mirada y qué es lo que vislumbrarás desde tu posición.

Para una URBRAND, tan importante es dónde te encuentras, como hacia dónde miras. En marketing, sería más que un objetivo, sería más como una CAUSA.

Joaquín Lorente, maestro de maestros, leyenda publicitaria y buen amigo, me enseñó que «todo cliente es una causa». Lo difícil no es ofrecerle lo que te pide, lo difícil es saber por qué te lo pide, cuál es su visión de la vida, para qué está, contra qué lucha, quién es su enemigo a batir. Lo expliqué en detalle en mi anterior libro *Annoyomics*.

Como veremos más adelante, ahí radica la diferencia entre una misión y una visión de cualquier compañía: una misión es lo que quieres para ti, y una visión es lo que quieres para los demás. Una misión puede aspirar a crecer en ventas, en cuota de mercado o alcanzar el liderazgo de un determinado sector. Pero una visión tiene que ser mucho más ambiciosa, pues una visión es lo que quieres que ocurra más allá de los muros de tu empresa.

A toda visión le corresponde una causa. Si quieres conseguir algo para los demás, normalmente deberás conseguir vencer a aquello que les impide conseguirlo por sí mismos. Porque si no, no te necesitarían para alcanzarlo. Si te necesitan, es porque hay un impedimento. Hay un enemigo contra el que luchar. Puede

ser un enemigo enorme, como el hambre en el mundo o uno muy mundano, como el picor vaginal. Puedes ser una causa global como frenar el calentamiento del planeta, o una local como conseguir que los basureros de tu localidad obtengan un sueldo digno.

De cualquier modo, si tienes una URBRAND, deberás elegir una causa. La que mejor te parezca. La que mejor te siente. Contra la que más cómodo te veas luchando[1]. Y esa será tu orientación. Hacia donde deberás mirar. Donde no deberás apartar tu vista jamás.

Una vez elegida tu orientación, ocúpate de comunicarla. Hazla saber. Como los pregoneros de los pueblos de antes, plántate en medio de la plaza más concurrida y ponte a berrear quién es tu enemigo, por qué quieres acabar con él y por qué crees tú que eres el más indicado para hacerlo. Este apartado lo desarrollaremos también más adelante.

En 1948, Soichiro Honda fundó Honda Motor Company bajo un epígrafe que nada tenía que ver con los motores, ni con el transporte, ni siquiera con las carreras o el medio ambiente. El señor Honda dijo a sus empleados:

—Trabajemos para ser una compañía que la sociedad quiera que exista[2].

En 2010, cuando le preguntaron a Robert Wong, director creativo de Google Labs, cuál era el objetivo de su departamento, no respondió mejorar las búsquedas del mundo, ni siquiera ayudar a la gente a encontrar lo que anhela. Su respuesta fue definitiva: queremos ganar el Premio Nobel de la Paz[3]. Con dos bemoles.

---

[1] Para ampliar este tema, te remito a mi anterior libro *Annoyomics. El arte de molestar para ganar dinero,* Gestión 2000.

[2] http://www.honda.es/cars/experience-honda/why-buy-honda.html

[3] http://adage.com/article/creativity-news/google-creative-lab/146084/

Está bien que nunca alcances tu objetivo. No te desesperes si eso te ocurre. Porque «una utopía es como el horizonte. Por mucho que camines siempre se alejará. Pero para eso sirve precisamente el horizonte, o la utopía. Para caminar»[4].

No hay marketing más poderoso que aquel que identifica una causa y la hace suya. Y cuanto más grande sea esa causa, mayor será la URBRAND que estarás construyendo. Desde ese momento ya dejas de tener consumidores. Y empiezas a tener fans. Es el estatus más alto al que una URBRAND puede aspirar jamás.

Desde ese momento, una parte de la sociedad querrá que existas.

Desde ese momento, si no existieses tú, habría que inventarte.

Urbrandízate

¿Cuál es tu causa? Esa causa, ¿le importa a alguien más, aparte de ti? ¿A cuánta gente? ¿La sabrías cuantificar? ¿Quién más está luchando contra esa causa? ¿Qué tienes tú que no tengan otros para luchar contra ella? Y sobre todo, ¿es suficientemente grande esa causa, o puedes aspirar a luchar contra una mayor?

---

[4] https://www.youtube.com/watch?v=GaRpIBj5xho

4
Superficie
Sufície, qué, a mí no me hables así

Roma

Una huida es una mudanza de problemas. Recuerdo muy bien la primera vez que le solté esa frase a Roma. Se la solté como quien deja caer un aforismo para el cual el mundo aún no está preparado. Como dejando una pausa dramática previa al aplauso. Se me quedó mirando fijamente con sus ojos verde infinito y me soltó un «ya» que me dejó bailando en pelotilla picada como sólo un monosílabo puede dejarte.

No era la primera vez que intentaba disuadirla, bordearla, rodearla, tratar de evitarla de algún modo y a toda costa. Cuando eres consciente de lo mucho que puede atraparte la belleza, prefieres no tener que exponerte nunca y seguir disfrutando de tu ignorancia, sí, pero en libertad.

Y mira si era bella que aún no le había dado tiempo a construirse un centro histórico, y sin embargo ya era una de las más deseadas. Todo el mundo que la veía, de forma instantánea ansiaba recorrerla. Lo que prometía su juventud, lo cumplía con creces una mente fuera de lo común y una madurez impropia de las vueltas al sol que había podido dar. Y por alguna razón que aún hoy se me escapa, ella me eligió a mí. Un turista con las sandalias demasiado gastadas, una piel con muchas horas de sol y una mochila pesada hasta decir basta.

Por eso, nada más conocerla, le dije que no me creyese, que jamás confiase en mí. Como vi que no me hacía ni caso, pasé al siguiente nivel. Le amenacé, le dije que si se enamoraba de mí sólo íbamos a sufrir los dos. Que el amor sólo dura tres años. Y a mí cinco, como mucho. Que todas las relaciones que había tenido las había acabado yo y después habían acabado conmigo. Que yo no estaba en un momento para sentir nada por nadie. Que sólo sería disfrutarnos juntos. Que nos acompañásemos en soledad. Y acabé preguntándole si quería que su soledad acompañase a la mía. Y me dijo que sí.

Había que tomar medidas más drásticas. Le hice jurar que no nos comprometeríamos nunca. Que jamás me prometiese fidelidad. Que si quería podía acostarse con quien quisiera. Que ella era libre y que debía seguir siéndolo conmigo y pese a mí. Pero nada. Me felicitó por pensar así y me dijo que hacía tiempo que buscaba un hombre con esas ideas. Me morí de ganas de preguntarle si seguía buscando, pero me mordí la boca.

La invité a cenar a mi casa y quemé una *pizza* para que viese lo inútil que puedo llegar a ser. Le encantó. Se la acabó entera. Se quedó a dormir. Y yo a cambio le regalé un cepillo de dientes.

No podía ser. Subí el nivel. Máxima potencia. A toda máquina. De perdidos al río. Le confesé que en realidad yo era bígamo. Que ella formaba parte de la mitad de mi plan. Que

debíamos buscar una tercera juntos. Y que me ayudase con las candidatas. Me dijo que vale. Que dónde estaban.

Pude ignorar a Roma cada cinco minutos. Luego cada diez. Después cada veinte. Y así hasta que sólo pude dejar de verla una vez cada quince días. Hoy no recuerdo la última vez que pude pasar un día sin pensar en ella. Y lo peor, estoy feliz. Ella me ha hecho sentir bien haciendo justo lo contrario de todo lo que pretendía hacer.

Con Roma me ha salido todo al revés.

Hasta su nombre.

* * *

> Los territorios que interesan a los consumidores, aquellos que realmente les mueven a comprar, son muy pocos en cada categoría. De hecho, a menudo tiendo a pensar que territorio, lo que se dice territorio, sólo hay uno. Lo otro no dejan de ser pequeños espacios a los que las marcas que intentan sobrevivir se ven desterradas por el líder.[1]

Si eres Ariel, eres el que lava más blanco, o una sirenita tocapelotas. Si eres BMW, simbolizas el placer de conducir. Si eres Gandhi, encarnas la resistencia pasiva. Si eres Frank Sinatra, eres La Voz. El territorio de una industria es aquel concepto que representa el máximo valor percibido por sus consumidores. La mayoría de gente que compra un detergente, lo que busca es que deje la ropa más blanca que cualquier otro. La mayoría de gente que compra un coche de gama alta lo que busca es decirle al mundo que lo hace para disfrutar del placer de conducir. La mayoría de gente que escucha *crooners* lo que quiere es un intérprete con una voz inigualable. Eso es un territorio. Eso es un buen posicionamiento. Eso es triunfar.

---

[1] *Desde el otro lado del escaparate,* Toni Segarra, Espasa, pág. 33.

Apropiarse de un territorio es recorrer la mitad del camino al éxito. Ocuparlo y urbanizarlo con tu URBRAND, productos o servicios, es la garantía de que nadie te va a echar de ahí. Si alguien piensa en el máximo valor percibido y tú ocupas ese territorio, el primer nombre que les aparecerá en la mente será el tuyo. Y si a algún competidor se le ocurre intentar hablar desde tu territorio, sólo te estará beneficiando a tus ventas y a ti.

Por eso es tan valioso. Por eso es tan difícil. Por eso es tan vital estar ahí.

Recuerda, ancho y largo. Son las dos medidas que cuantifican la superficie de tu territorio. A las que habrá que multiplicar el precio por hectárea o metro cuadrado para conocer su valor de mercado. Lo mismo ocurrirá con nuestra URBRAND. Lo mismo ocurrirá con nuestra propuesta de valor. Cuanto más terreno hayamos ocupado y cuanto de mayor valor, mejor para nuestra propuesta. Y mejor para el consumidor.

Urbrandízate

¿Qué territorio mental estás ocupando? ¿Es el territorio más relevante para el consumidor, o hay otros? Lo que estás a punto de lanzar, ¿aporta algún valor al consumidor? ¿Es la razón por la que consume esa categoría de producto o servicio? ¿Es suficientemente grande como para ganar dinero, o sólo le importa a cuatro gatos? ¿Es escalable? ¿Se puede replicar en otros países? ¿Te estás apropiando de ese territorio, o simplemente lo estás señalando? Cuando alguien piense en ese territorio, ¿cómo te aseguras de que piense en ti y en nadie más?

5

Frontera

Y no dejas aire que respirar

Palma

La muerte tiene muy mal aliento. Antes de llevarse la vida, lo primero que hace es llevarse de tu boca el buen olor. Si alguna vez has estado con alguien que esté a punto de morir, lo habrás comprobado. Es la halitosis del moribundo. El anuncio del que se va. De ahí supongo que vendrá lo del último suspiro. No sé.

Lo que sí sé es que a mi Palma jamás le había olido la boca, ni mucho menos como aquel frío día de diciembre en el que la pude visitar por última vez. Era el hedor que deja tras de sí la quimioterapia. La devastación que deja por dentro y se te sale por fuera. Un hedor seco, agrio, profundo y definitivo que ya te anuncia que algún día se irá, pero jamás solo.

Es como si alguien no dudase en utilizar armas químicas para alejarte de tu ser querido. Alguien que no tiene ni puñete-

ra idea de lo que significa querer. Porque hace falta algo más que un simple hedor de boca para alejarme de Palma. Son demasiados años queriéndola. Demasiados años sabiéndome querido por ella.

Al revés, lo que hizo esa agresión olfativa fue recordarme en todo momento la lucha que llevaba por dentro, la batalla campal que se libraba en su organismo y la batalla emocional que debía estar sufriendo su interior.

En las dos primeras contiendas, nadie pudo hacer nada por ayudarla.

En la tercera, si hubo una clara triunfadora, fue Palma.

Porque por mucho que le oliese la boca, jamás pudieron afear la voz que salía de ella, vía directa a su corazón.

* * *

Una frontera es la «línea que define el perímetro legal y político de la soberanía territorial de un Estado. Dicha línea separa y pone en contacto, a la vez, espacios ocupados por otras soberanías estatales que el derecho internacional coloca en pie de igualdad»[1]. En definitiva, la frontera de tu URBRAND aparece ahí donde empieza la de tus iguales.

En términos de marketing para cualquier mercado maduro —la inmensa mayoría lo son y si alguno aún no lo es, no te preocupes que lo será algún día—, eso significa competencia. Y también que todo lo que ellos ganen te lo estarán quitando a ti, y viceversa. Por eso es bueno levantar lo que se conoce como Barreras de Entrada, desincentivos psicológicos, económicos e incluso físicos para los que pretendan arrebatarte parte del pastel. Y por eso no es de extrañar que tu frontera sea siempre fuente de conflicto, por no decir guerra:

---

[1] *Diccionario de urbanismo. Geografía urbana y ordenación del territorio*, VV. AA., Cátedra, pág. 178.

> Si desde el punto de vista jurídico la frontera es piedra angular del derecho interestatal, desde las perspectivas política y geográfica pertenece a los conceptos susceptibles de alimentar controversias, tensiones, conflictos y hasta pasiones nacionales y nacionalistas.[2]

Y aunque ahora a los gurús se les hinche la boca hablando de cooperar para poder competir, la verdad es que la mejor manera de definir tus fronteras siguen siendo las cinco fuerzas que el profesor de Harvard Michael E. Porter diera a conocer en 1979[3]:

1. Poder de negociación de tus clientes: los que hoy te consumen, tus actuales clientes, cuánto te necesitan ellos a ti, y cuánto les necesitas tú a ellos.
2. Poder de negociación de tus proveedores: los que hoy te suministran lo necesario para tu actividad, cuánto dependen ellos de ti y cuánto dependes tú de ellos.
3. Amenaza de entrada de nuevos competidores: los que podrían hacer lo que tú haces, barreras de entrada de la industria, costes hundidos, márgenes y economías de escala.
4. Amenaza de productos o servicios sustitutivos: los que podrían satisfacer la misma demanda pero con productos o servicios diferentes, innovaciones que impliquen la obsolescencia de tu oferta.
5. Rivalidad entre competidores: los que juegan en el mismo campo que tú, cooperación y competencia entre ellos que te pueda beneficiar y/o perjudicar.

---

[2] *Diccionario de urbanismo. Geografía urbana y ordenación del territorio,* VV. AA., Cátedra, pág. 178.

[3] http://www.3w3search.com/Edu/Merc/Es/GMerc063.htm

Una sola variación en cualquiera de estos factores puede hacer ensanchar o menguar tus fronteras, y ojo porque puede hacerlo sin previo aviso, de la noche a la mañana. Y no sólo nos fijemos en el aspecto defensivo. Hay que estar atento a las fronteras, porque ahí también es donde se generarán siempre nuevas y excitantes oportunidades:

> [...] Las fronteras también han animado un tipo especial de relaciones entre los habitantes de los distintos países, unidos por la práctica secular del contrabando, por cierta especialización en el comercio de productos muy específicos escasos del otro lado de la raya y por una forma clásica de turismo basada en conocer las características llamativas de las localidades más próximas del territorio vecino.[4]

Es lo que ocurre cuando Marcilla lanza al mercado cápsulas compatibles con Nespresso. Es la máxima expresión de las zonas fronterizas, áreas de dudosa legalidad y moralidad que a menudo son utilizadas por el más pequeño para hacerle daño al más grande utilizando justamente sus mismas armas.

Urbrandízate

¿Cuáles son las fronteras de tu URBRAND? ¿Dónde están las Barreras de Entrada? ¿Son fronteras o son muros? ¿Van a establecer mecanismos aduaneros o te vas a arriesgar a que tus barreras sean permeables? ¿Cómo actúa cada una de las cinco de Porter en la tensión fronteriza de tu URBRAND? Y sobre todo, ¿qué oportunidades surgen en los territorios colindantes que no estemos aprovechando aún?

---

[4] *Diccionario de urbanismo. Geografía urbana y ordenación del territorio*, VV. AA., Cátedra, pág. 328.

6
Topografía
¿La Tierra es plana?

Madrid

Cuando sepas de mí, tú disimula. No les cuentes que me conociste, ni que estuvimos juntos, no les expliques lo que yo fui para ti, ni lo que habríamos sido de no ser por los dos. Primero, porque jamás te creerían. Pensarán que exageras, que se te fue la mano con la medicación, que nada ni nadie pudo haber sido tan verdad ni tan cierto. Te tomarán por loca, se reirán de tu pena y te empujarán a seguir, que es la forma que tienen los demás de hacernos olvidar.

Cuando sepas de mí, tú calla y sonríe, jamás preguntes qué tal. Si me fue mal, ya se ocuparán de que te llegue. Y con todo lujo de detalles. Ya verás. Poco a poco, irán naufragando restos de mi historia contra la orilla de tu nueva vida, pedazos de

recuerdos varados en la única playa del mundo sobre la que ya nunca más saldrá el sol. Y si me fue bien, tampoco tardarás mucho en enterarte, no te preocupes. Intentarán ensombrecer tu alegría echando mis supuestos éxitos como alcohol para tus heridas, y no dudarán en arrojártelo a quemarropa. Pero de nuevo te vendrá todo como a destiempo, inconexo y mal.

Qué sabrán ellos de tu alegría. Yo, que la he tenido entre mis manos y que la pude tutear como quien tutea a la felicidad, quizá. Pero ellos... *na.*

A lo que iba.

Nadie puede imaginar lo que sentirás cuando sepas de mí. Nadie puede ni debe, hazme caso. Sentirás el dolor de esa ecuación que creímos resuelta, por ser incapaz de despejarla hasta el final. Sentirás el incordio de esa pregunta que jamás supo cerrar su signo de interrogación. Sentirás un qué hubiera pasado si. Y sobre todo, sentirás que algo entre nosotros continuó creciendo incluso cuando nos separamos. Un algo tan grande como el vacío que dejamos al volver a ser dos. Un algo tan pequeño como el espacio que un sí le acaba siempre cediendo a un no.

Pero tú aguanta. Resiste. Hazte el favor. Háznoslo a los dos. Que no se te note. Que nadie descubra esos ojos tuyos subrayados con agua y sal.

Eso sí, cuando sepas de mí, intenta no dar portazo a mis recuerdos. Piensa que llevarán días, meses o puede que incluso años vagando y mendigando por ahí, abrazándose a cualquier excusa para poder pronunciarse, a la espera de que alguien los acogiese, los escuchase y les diese calor. Son aquellos recuerdos que fabricamos juntos, con las mismas manos con las que construimos un futuro que jamás fue, son esas anécdotas estúpidas que sólo nos hacen gracia a ti y a mí, escritas en un idioma que ya nadie practica, otra lengua muerta a manos de un paladar exquisito.

Dales cobijo. Préstales algo, cualquier cosa, aunque sólo sea tu atención.

Porque si algún día sabes de mí, eso significará muchas cosas. La primera, que por mucho que lo intenté, no me pude ir tan lejos de ti como yo quería. La segunda, que por mucho que lo deseaste, tú tampoco pudiste quedarte tan cerca de donde alguna vez fuimos feliz. Sí, feliz. La tercera, que tu mundo y el mío siguen con pronóstico estable dentro de la gravedad. Y la cuarta —por hacer la lista finita—, que cualquier resta es en realidad una suma disfrazada de cero, una vuelta a cualquier sitio menos al lugar del que se partió.

Nada de todo esto debería turbar ni alterar tu existencia el día que sepas de mí. Nada de todo esto debería dejarte mal. Piensa que tú y yo pudimos con todo. Piensa que todo se pudo y todo se tuvo, hasta el final.

A partir de ahora, tú tranquila, que yo estaré bien. Me conformo con que algún día sepas de mí, me conformo con que alguien vuelva a morderte de alegría, me basta con saber que algún día mi nombre volverá a rozar tus oídos y a entornar tus labios. Esos que ahora abres ante cualquiera que cuente cosas sobre mí.

Por eso, cuando sepas de mí, no seas tonta y disimula.

Haz ver que me olvidas.

Y me acabarás olvidando.

De verdad.

* * *

Antes de ponernos a construir nuestra URBRAND debemos conocer mejor que nadie el terreno sobre el que pisamos. Ha llegado el momento de los topógrafos:

> La tarea del topógrafo es previa y/o durante un proyecto: un arquitecto, un ingeniero en Geomática y Topografía debe contar con un buen levantamiento plano-milimétrico o tridi-

> mensional previo del terreno y de «hechos existentes» (elementos inmóviles y fijos al suelo) ya sea que la obra se construya en el ámbito rural o urbano.
>
> Realizado el proyecto con base en este revelamiento, el *Ingeniero técnico en topografía* o *Ingeniero en Geomática y Topografía* se encarga del «replanteo» del mismo: ubica los límites de la obra, los ejes desde los cuales se miden los elementos (columnas, tabiques...); establece los niveles o la altura de referencia.
>
> [Luego] la obra [avanza y] en cualquier momento, el [ingeniero] jefe de obra puede solicitar un «estado de obra» (un revelamiento en situación para verificar si se está construyendo dentro de la precisión establecida por los pliegos de condiciones) al topógrafo. La precisión de una obra varía: no es lo mismo una central nuclear que la ubicación del eje de un canal de riego, por ejemplo.[1]

En marketing —y en *branding*—, el levantamiento de ese plano milimétrico es lo que se denomina Investigación de Mercado. Se trata de conocer mejor que nadie las necesidades y anhelos del consumidor. Descubrir sus miedos, sus inseguridades (valles), pero también sus esperanzas y ambiciones (picos). Realizar un perfil psicodemográfico —mapa hipsográfico— con todos y cada uno de sus desniveles que nos permita más tarde tocar los resortes adecuados para construir una URBRAND sólida y con probabilidades de éxito.

Se podría argumentar que este paso puede ser posterior a la localización o también podría ser previo. Lo que ocurre es que no es muy recomendable que la topografía preceda a la localización. Caso de que investiguemos primero para identificar el territorio más adecuado, es posible que acabemos en un terreno trillado, ya descubierto por los demás. Si tu consumidor ya te

---

[1] http://es.wikipedia.org/wiki/Topografía

indica un territorio es muy probable que ya existan varios competidores construyendo sobre él.

Surge aquí un concepto muy poco estudiado, y por ello injustamente ignorado, que es el concepto de intuición. Atento a lo que nos dice Toni Segarra, el mejor creativo del siglo, maestro, buen amigo y mejor persona, y uno de los referentes a nivel nacional e internacional en construcción de marcas poderosas[2]:

> Yo reivindico la intuición. Frente al mal uso de la investigación, por ejemplo. Esa investigación que se ha convertido en el garante científico que necesitábamos. Y en el sustituto de la decisión. Seguimos equivocándonos —en alguna parte he leído que nueve de cada diez lanzamientos de nuevos productos fracasan—, pero ahora lo hacemos con un papel en la mano que garantiza que el error no ha sido nuestro. Si el test dice que algo funcionará, es que funcionará. Si dice que no funcionará, olvidadlo, chicos, habrá que seguir trabajando.
>
> Hemos olvidado que estamos hablando de sentimientos. O quizá nunca lo hemos sabido —esa podría ser una buena explicación—. ¿Sabemos por qué queremos a nuestros amigos, a nuestros hermanos, a nuestros hijos? ¿Sabemos por qué razón o razones nos enamoramos perdidamente de alguien?
>
> Si investigáramos las razones del amor, sin duda obtendríamos datos. Todos tenemos una tendencia innata a racionalizar lo que nos ocurre, porque nos inquieta no controlar nuestras vidas. Responderíamos cosas como que adoramos su caída de ojos, o su generosidad, o su forma de hablar, o sus manos. Pero nada de eso sería cierto. Podemos aceptar que el amor no es susceptible de ser explicado racionalmente. Nadie sabe por qué ama, sólo sabe que ama.

---

[2] BMW, IKEA, Vodafone, Banco de Sabadell y un largo etcétera de grandes casos de marcas que han pasado por sus manos le han granjeado innumerables premios y reconocimientos del sector: http://www.lahistoriadelapublicidad.com/protagonistas_ficha.php?Codnot=127

> No es posible comprender, explicar, pero sí lo es intuir. Nuestra relación con las personas está basada en la intuición. Simplemente, sabemos.[3]

Como suele ocurrir, Toni Segarra tiene razón. Lo indican numerosos estudios[4], primero tomamos las decisiones de compra a nivel emocional y después tratamos de justificarlas con datos y argumentos racionales. Primero la localización, y más tarde la topografía.

Es curioso que no nos atrevamos a hacer lo mismo a la hora de vender.

Igual es porque de los pocos que sí se atreven a hacerlo, la mayoría fracasan estrepitosamente antes de cumplir el año, es ese nueve de cada diez del que habla Segarra. Y curiosamente, la culpa la tienen los mismos procesos de investigación previa que no son tan fiables como a priori podrían parecer:

> La industria de investigación del marketing se basa en hablarle a la gente sobre qué es lo que hacen, desde el punto de vista del consumidor posiblemente esté bien pero desde el punto de vista de qué es lo que los compradores hacen, muchos procesos ocurren de forma inconsciente.[5]

De ahí el auge relativamente reciente del neuromarketing[6], que no es más que una investigación de mercado en la que se

---

[3] *Desde el otro lado del escaparate,* Toni Segarra, Espasa, pág. 28.

[4] Por ejemplo, esta investigación llevada a cabo por el profesor Raj Raghunathan y Szu-Chi Huang, Ph.D., de la Universidad de Texas en Austin, «El cuento de las dos gallinas»: http://www.today.mccombs.utexas.edu/2010/04/do-you-make-buying-decisions-based-on-logic-or-emotion-a-tale-of-two-chickens

[5] http://www.marketingdirecto.com/especiales/neuromarketing/siemon-scommel-katz-tns-»el-90-de-los-productos-fracasa-en-su-primer-ano»/

[6] Recomiendo al respecto los trabajos de Martin Lindstrom publicados en *Buyology. Verdades y mentiras sobre por qué compramos,* Gestión 2000.

evita preguntarle al consumidor las razones de sus decisiones, y se acude directamente a los impulsos cerebrales para interpretarlos.

Sea como fuere, siempre podemos recurrir a la famosa frase de alguien que estuvo entre el uno de cada diez no una, sino varias veces a lo largo de su vida profesional: «La gente no sabe lo que quiere hasta que se lo enseñas»[7].

Insisto en que siempre es bueno y recomendable investigar una vez ya intuimos dónde será mejor instalar nuestra URBRAND. Saber qué clima hará, a qué altitud nos encontraremos y las cotas de emoción de nuestro consumidor son datos muy relevantes que nos permitirán siempre acertar, desde la ropa adecuada que llevaremos puesta para el viaje, hasta los materiales correctos para que nuestra edificación en ese enclave no termine cayéndose a pedazos.

Por cierto, un afectuoso saludo al Palau de les Arts de Valencia y a Santiago Calatrava.

URBRANDÍZATE

¿Cuáles son tus intuiciones sobre tu URBRAND? ¿Existen datos que las respalden o son sólo basadas en conjeturas? ¿A quién podrías encargar un estudio que desmienta o corrobore tus intuiciones? ¿Hay algo que no te cuadre en tu planteamiento inicial? ¿Hay algo que crees que nadie ha contemplado hasta ahora?

---

[7] Sí, es de Steve Jobs: http://www.muyinteresante.es/tecnologia/articulo/9-grandes-frases-de-steve-jobs

7

RISTÓPOLIS: FUNDACIÓN

La curiosidad nace de la envidia.

MICHEL DE MONTAIGNE

El viernes 3 de diciembre de 2010 pasaron dos cosas relevantes en España. Bueno, una muy importante para todo el país y la otra más bien nada. A las 17:00 hora peninsular, y en vísperas de una festividad de puente, AENA anunciaba el cierre del espacio aéreo debido al abandono masivo de los controladores aéreos de sus puestos de trabajo, y se desató el caos en todos los aeropuertos del territorio nacional. La otra fue importante sólo para mí: menos de veinticuatro horas antes yo había empezado a utilizar mi cuenta de Twitter y ganaba mi primer seguidor.

Éste fue mi primer tuit:

Vale, tampoco es que fuese un gran tuit. Pero fue el primero. Aun así, conseguí más retuits que muchos de los que vinieron después. Al principio, me miraba el entorno de Twitter con desconfianza. Supongo que como todos. Una herramienta hostil y farragosa, sólo texto, a la que, como dije en mi primer mensaje, yo me había resistido a entrar, basándome en unas declaraciones que había leído unos meses antes de boca de un gurú al que respetaba y sigo respetando ahora, pero menos: Nicholas Negroponte. En unas declaraciones al diario *El País,* el alma máter del prestigioso MIT Medialab había afirmado: «Twitter me parece una moda pasajera».[1]

Y seguramente el bueno de Nick tuviera razón, en función del horizonte temporal en el que uno circunscriba ese pasaje. A los gurús hay que escucharles. Y a veces, hasta hacerles caso. Pero no sé, en un momento de curiosidad, debilidad, o aburrimiento, decidí probar a ver qué pasaba si buscaba una nueva localización para mi URBRAND, con una clara orientación a expandir mi marca personal y a ofrecer nuevos entornos en los que poder alojar más ciudadanos.

Bueno, te debo contar la verdad. Lo cierto es que unos meses antes alguien se había abierto una cuenta con mi nombre y apellido en la red de microblogging. Y como buen egó-

---

1 http://tecnologia.elpais.com/tecnologia/2010/11/04/actualidad/1288864868_850215.html

latra, no hay cosa que me dé más rabia que alguien robándome el protagonismo ante mis propias narices. Así que me puse en contacto con él y le hice una oferta que no pudo rechazar. Pero en fin, sigamos con la parte legal de la historia.

La decisión de la localización, en mi caso fue muy sencilla. Twitter fue la red social con mayor crecimiento en ese momento: en un solo año, la herramienta había duplicado su audiencia en España con 2,8 millones de usuarios en 2010[2]. Además, se trataba de una red de microblogging, es decir, pequeños mensajes, como máximo de ciento cuarenta caracteres, algo ideal para un publicista como yo, que es incapaz de hacer algo bien hecho más allá de las dos líneas[3].

Lo que yo ignoraba en aquel entonces es que había nacido un nuevo perfil de Marca Personal idóneo para la experimentación publicitaria. Lo que yo ignoraba era que acababa de fundar Ristópolis, una nueva URBRAND que me iba a proporcionar notoriedad y sobre todo influencia, que partía de mi condición de televisivo pero que iba a llegar mucho más allá de lo que se esperaba por mi grado de presencia en el medio, muy inferior al de otros rostros de la televisión.

Viejo Risto

Viejo Risto era mi marca personal más notoria hasta entonces. Como ya expliqué en detalle en mi anterior libro *Annoyomics*[4], yo aparecí en televisión un 8 de octubre de 2006 y desde

---

[2] http://blogs.lainformacion.com/twitter-blog/2011/03/22/twitter-casi-duplica-su-audiencia-en-espana-con-28-millones-de-usuarios-en-2010/

[3] Salvo honrosas excepciones como la de este libro.

[4] *Annoyomics. El arte de molestar para ganar dinero,* Gestión 2000.

entonces me había construido una marca personal televisiva a golpe de titular... cómo decirlo... a golpe y punto.

Ese año, en 2010, mi valor de marca había caído un 83 por 100, de los más de diez millones de euros a los casi dos millones, en valoración realizada por Kantar Media, que contabiliza lo que habría costado si hubiera tenido que pagar de mi bolsillo ese nivel de notoriedad en cada medio en el que aparecí o fui mencionado:

INFORME COMPARATIVO RISTO MEJIDE (Fuente: Kantar Media)

		2.009		
	Referencias	Audiencia	Valoración	Valor/Audiencia
Internet	1.399	109.114.713	135.214	0,001
Prensa	1.920	558.668.000	2.321.884	0,004
Radio	131	22.615.000	1.991.198	0,088
TV	167	85.432.000	6.343.712	0,074
Total	**3.617**	**775.829.713**	**10.792.007**	**0,014**

		2.010				
	Referencias	Audiencia	Valoración	Valor/Audiencia	Variación Valor	% Var.
Internet	264	21.515.032	47.048	0,002	-88.166	-65%
Prensa	357	118.573.000	343.936	0,003	-1.977.948	-85%
Radio	18	2.760.000	184.385	0,067	-1.806.813	-91%
TV	18	19.433.000	1.304.027	0,067	-5.039.685	-79%
Total	**657**	**162.281.032**	**1.879.396**	**0,012**	**-8.912.611**	**-83%**

Esto tiene una explicación muy clara: la tercera y última edición de *Operación Triunfo* en la que participé duró del 29 de abril de 2009 al 21 de julio de 2009, y el único programa aparte de *Operación Triunfo* en el que participé se llamaba *G-20* y duró del 2 de septiembre de 2009 al 20 de diciembre de ese mismo año. En una palabra, que en 2010 no aparecí en ningún programa de televisión. Y no lo haría hasta el 2 de octubre de 2011, con la decimotercera edición de *Tú sí que vales.* Con lo cual, en esta valoración económica, CASI TODO era la tele. Mi URBRAND vivía en la tele. Viejo Risto ERA la tele. Y si no estaba en la tele y en programas de *prime-time* de Telecinco, simplemente no existía.

Por primera vez en mi vida, gracias a esa cosa llamada Twitter, tenía la oportunidad de juntar Viejo Risto y Nuevo Risto y así fundar Ristópolis, una metrópolis comercial más amplia, que admitiese más *targets* comerciales, más ciudadanos, un mayor

crecimiento de marca personal y, por tanto, mayores oportunidades de ingresos.

A tal efecto, tuve que aprender a la fuerza lo que aquí denominaremos las tres D de la fundación de cualquier URBRAND:

1. Diferenciación

Encontrar en qué eres distinto a tu entorno, cuáles son aquellos rasgos que te hacen más especial, raro, único. Pero como nunca somos folios en blanco, la vía más inmediata de diferenciación suele hallarse en la biografía de cada uno. Entre las muchas cosas que ya habrás vivido, seguro que existen hitos que te marcaron, que te hicieron cambiar de rumbo, de opinión o de manera de ser. Pueden ser tanto positivos como negativos, desde una temporada viviendo en otro país o cursar ciertos estudios singulares, hasta la muerte de un ser querido. Apuntarlos todos y darles coherencia y sentido entre sí, unir los puntos, es lo primero que hace cualquier *spin doctor* cuando tiene ante sí a cualquier candidato, porque sabe que en la medida que podamos hacer de él un relato, un *storytelling* coherente, estaremos ganando en credibilidad. La segunda vía de diferenciación de cualquier persona o profesional se halla rebuscando entre sus pasiones. Lo que nos apasiona y nos pone brillo en los ojos no es siempre necesariamente aquello a lo que nos hemos dedicado en la vida. Pero sí suele ser un arma que nos hace destacar entre la multitud, y que además nos dará muchísima fuerza a la hora de explicar por qué hacemos lo que hacemos.

2. Diversificación

La segunda D es la diversificación profesional que, desde mi punto de vista, va mucho más allá de una gestión de riesgos

financieros. Creo que el hecho de tener varias cestas en las que poner huevos me otorga una libertad sin la cual sin lugar a dudas yo sería peor profesional de lo que ya soy. Porque perdería la libertad que ahora tengo. Creo sinceramente que un profesional es mucho más competente cuando no depende del que le paga. Ojo que eso no quiere decir que no necesites trabajar. El hambre y la necesidad agudizan el ingenio, pero la libertad te hace mucho más responsable y, por lo tanto, más riguroso e incluso ético. En el momento en el que puedes decirle que no a un cliente, porque sabes que tienes otras vías de ingresos, estás en disposición de hacer un buen trabajo para él. Si no puedes decirle que no, ya temerás perder esa oportunidad, y no serás tan honesto ni tan crítico ni tan bueno como podrías haber sido. Seguramente le darás a tu cliente lo que te pide, pero no lo que realmente necesita.

3. Dosificación

La tercera D tiene que ver con lo que tú eres cuando no estás. Porque si hay algo más importante que saber gestionar tu presencia, es saber gestionar tu ausencia. Dejar hueco en alguien en cuanto sales por la puerta es el principio de la necesidad. Por eso es bueno echarse de menos. El no estar, y la frecuencia con la que dejas de estar, es un aspecto fundamental en tu vida, trabajes en lo que trabajes. No se trata de hacerse el interesante, sino de saber identificar antes que nadie cuándo un ciclo termina, y ser el primero en tomar la decisión de cambiar, o bien de maneras de hacer las cosas o incluso de lugar físico para seguir avanzando. Creo que ese es uno de los aspectos más importantes en el desarrollo personal y profesional de cualquier ser humano. Siempre pienso en el ejemplo que nos dio Pep Guardiola y su salida en 2012 del que había sido el mejor Barça de todos los

tiempos. Porque nunca somos necesarios todo el tiempo. Porque siempre hay algún momento en el que dejamos de aprender. O de enseñar. O de decidir. O de vivir.

Obviamente todo esto no lo aprendí de golpe, sino poco a poco, con el clásico método de prueba-error. Y créeme que me equivoqué muchas veces, y aún me sigo equivocando.

Tenía que encajar las tres D en una parrilla de contenidos que fuese suficientemente diferente a lo que ya había, que tratase un amplio abanico de temas y fuera coherente con los horarios de mi vida, pero también con las franjas de mayor uso, coincidiendo con sus propios espacios de *prime-time.* Son las horas punta de tu URBRAND, las horas a las que más gente transita por tus calles, las horas a las que hay que emitir los mensajes para que tengan la oportunidad de volverse relevantes.

Existen numerosos estudios[5] sobre las mejores horas para publicar un tuit, pero todos acaban diciendo más o menos lo mismo. Que Twitter está más activo durante la semana que durante el fin de semana, que la gente tuitea cuando se despierta y cuando se va a dormir, y que por en medio, las horas más activas son aquellas de tránsito hacia casa o hacia el trabajo y los momentos justamente anteriores a un cambio de actividad —justo antes de irse a comer, etc.—. Con esa información, ya se pueden planificar las mejores horas de publicación.

Repasando mi Favstar con los tuits que han obtenido más de cuatro mil quinientos retuits, es decir, los principales monumentos que los ciudadanos de mi URBRAND más visitan, queda patente que los ocho *slots*[6] que configuran todavía hoy mi parrilla de contenidos son los siguientes:

---

[5] http://postcron.com/es/blog/los-mejores-dias-y-horarios-para-postear-en-facebook-twitter-enviar-emails-y-hacer-blogging/

[6] En castellano, «franjas». Me hubiera gustado que fueran diez, pero si salen ocho salen ocho; qué se le va a hacer.

1. Buenos días. El programa matinal, normalmente se trata de un tuit entre motivador y cruel, que dé ánimos pero tratando de evitar lo cursi. Es mejor publicarlo a primera hora de la mañana y normalmente funciona más los lunes.

Risto Mejide
@ristomejide

Los malos días vienen solos. Los buenos hay que ir a buscarlos.

Así que venga, buenos días.

Responder Eliminar Favorito ••• Más

RETWEETS 6 611 FAVORITOS 1 585

7:37 - 16 de sept. de 2013

Risto Mejide
@ristomejide

Estás genial con esa sonrisa. A ver quién es el capullo que hoy se atreve a borrártela.

Responder Eliminar Favorito ••• Más

RETWEETS 4 661 FAVORITOS 3 119

8:07 - 25 de mar. de 2014

Risto Mejide
@ristomejide

El problema no lo tienen los lunes, el problema es que aún no estás dedicándote a lo que te gusta. #NBT

Responder Eliminar Favorito ••• Más

RETWEETS 5 837 FAVORITOS 2 415

7:24 - 9 de dic. de 2013

2. Días mundiales. Una variante de los buenos días, pero por una buena causa. El mismo tono, cañero pero responsable. Aquí, si la causa es global y lo suficientemente importante, puede ser publicado a cualquier hora.

Risto Mejide
@ristomejide

Estés donde estés, seas quien seas, quiero que sepas que saldrás victoriosa. #DíaMundialcontraelCáncerdeMama

Responder Eliminar Favorito ••• Más

RETWEETS 16 626 FAVORITOS 1 470

9:05 - 19 de oct. de 2012

Risto Mejide
@ristomejide

Estés como estés, piensa que podrías estar peor: podrías ser hombre. Feliz día de la Mujer.

Responder Eliminar Favorito ••• Más

RETWEETS 11 285 FAVORITOS 1 802

10:23 - 8 de mar. de 2013

Risto Mejide
@ristomejide

Lo siento pero el Cáncer no merece ni un día, sólo merece desaparecer. Yo celebro el Día Mundial de la Mamografía.

Responder Eliminar Favorito ••• Más

RETWEETS 7 854 FAVORITOS 2 440

15:40 - 19 de oct. de 2013

3. Actualidad. Estos son los más abundantes. Desde un cambio de mes o una caída de Whatsapp justo después de su compra por Facebook, hasta una gala de los premios Goya, o de Eurovisión, cualquier evento es una excusa para intentar ser irónico, o simplemente reflexivo. El ingenio es el hijo bastardo del oportunismo, así

que hay que estar muy atentos a lo que ocurre en tu entorno y tratar de publicar lo más enganchado al evento posible.

Risto Mejide
@ristomejide

San Marino sólo existe mientras participa en Eurovisión, mañana lo desmontan.

Responder · Eliminar · Favorito · Más

RETWEETS 5 638 · FAVORITOS 2 653

22:52 - 10 de may. de 2014

4. Fútbol. Como buen socio del Barça, cada vez que hay un partido importante o un hecho que conmocione al club, ahí estoy mojándome y posicionándome. Suelo elegir sólo los partidos de relevancia mediática. Y lo tuiteo siempre en tiempo real.

Risto Mejide
@ristomejide

Unas veces se gana, otras se juega contra el Barça. #Nanit #HiHaLliga

Responder · Eliminar · Favorito · Más

RETWEETS 6 676 · FAVORITOS 2 901

22:50 - 23 de mar. de 2014

Risto Mejide
@ristomejide

Tito no se retira. Sólo se concentra para el partido más importante de su vida. #ÀnimsTito

Responder · Eliminar · Favorito · Más

RETWEETS 15 320 · FAVORITOS 3 151

18:49 - 19 de jul. de 2013

Risto Mejide
@ristomejide

#LaRojaSíPuedeHacerLasMaletas
#LaRojaSíPuedePillarseBilletesLowCost
#LaRojaSíPuedeAhorrarsePrimas
#LaRojaSíPuedeRobarLosJaboncillosDelHo
tel

Responder · Eliminar · Favorito · Más

RETWEETS 4 002 · FAVORITOS 1 566

22:27 - 18 de jun. de 2014

Risto Mejide
@ristomejide

Jamás 4 balones taparon tanta bocaza.
#ViscaElBarça

Responder · Eliminar · Favorito · Más

RETWEETS 9 482 · FAVORITOS 1 399

23:13 - 12 de mar. de 2013

Risto Mejide
@ristomejide

Dios tuvo envidia de Pep y se lo llevó para poder sentarlo a su lado. #DEPTitoVilanova #testimem

Responder · Eliminar · Favorito · Más

RETWEETS 9 802 · FAVORITOS 5 029

18:34 - 25 de abr. de 2014

5. La política y sus políticos. Aquí todo vale, no hay hora mala para retratar la casta política que nos ha tocado vivir en España.

Risto Mejide
@ristomejide

Como sigan rebajando la calidad de la educación al final sólo podremos formar políticos.

Responder Eliminar Favorito ··· Más

RETWEETS	FAVORITOS
9 136	1 047

23:44 - 13 de dic. de 2012

Risto Mejide
@ristomejide

Qué gran tipo, Wert exige un 6,5 a los estudiantes sólo para evitar que se conviertan en alguien como él.

#asíSí

Responder Eliminar Favorito ··· Más

RETWEETS	FAVORITOS
7 901	1 097

11:07 - 24 de jun. de 2013

Finalmente, tres tipos de tuit que, aunque jamás vayan a salir entre los más retuiteados, sí forman parte de mi parrilla diaria y acaban de completarla y utilizarla en mi propio beneficio:

6. Zasca. Continuamente hay gente que se pasa de la raya, gente que se cree que por el hecho de estar parapetado detrás de una pantalla o de un alias ya puede pasarse varios pueblos insultándote o dándote una opinión que jamás le pediste. A estos los suelo entrecomillar y contestar en el mismo tuit, un ejercicio para el que a veces tengo que hacer cabriolas para poder dejarlos mal en el poco espacio que me queda. Para mí son los más divertidos, de este modo me entreno para responder a descerebrados, maleantes y especímenes varios:

7. Mi profesión. En ocasiones, vale la pena dar a conocer una campaña o una noticia referente al mundo de la publicidad que sorprenda por su originalidad y que además le recuerde a la gente cuál es mi profesión, de la cual no me he apartado ni un segundo desde que empecé en mi primera agencia.

8. Autopromo. Y qué sería la cuenta de un publicista sin publicidad. Aquí incluyo siempre productos que lanzo al mercado y que considero de interés para cualquiera que me esté siguiendo. Cuando lanzo un libro, cuando publico un artículo, cuando estreno un programa de

televisión. Aquí intento —cuando se puede— añadir valor al tuit, que no sea meramente reiterativo:

Risto Mejide @ristomejide · 20 de abr.

Por 7º año estaré firmando en Sant Jordi, y con estas horas y lugares de nuevo me será imposible ser puntual: #aviso

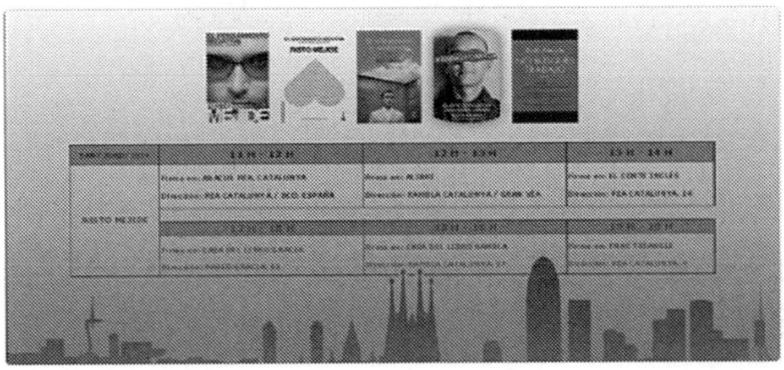

53 102 Ver más fotos y vídeos

Segunda parte

SER

Lo que haces es lo que eliges tú.
Lo que eres es lo que te elige a ti.

8

Población

Gente, personas y cuñados

Arenys de Mar

Arenys me lo dio todo sin pedirme nunca nada a cambio. Fue la primera persona que realmente creyó en mí. La única que me conoció mucho antes de que lo hiciera yo. Hace poco, desembalando cajas tras mi enésima mudanza, encontré un libro dedicado por ella. El título del libro era *La lectura y la redacción,* de Esteban Conde. El señor Conde había sido profesor mío de lengua en el colegio, y Arenys me lo regaló en febrero de 1990, es decir, cuando yo recién había cumplido los quince años. Y su dedicatoria fue tal cual la transcribo palabra por palabra: «El uso de la comunicación es el único camino para interactuar con tu entorno. Conocer bien las técnicas comunicativas te puede permitir ver y presentarte ante los que te rodean con una visión

más clara de todo, y una imagen mejor de tu persona y pensamientos. Con todo cariño. Mamá».

* * *

Entre la población estable y la fluctuante, consideremos los tres tipos de colectivos que suelen pasar por cualquier ciudad: los turistas, la gente que está de paso por negocios y la gente que llega para quedarse a vivir. Son exactamente los mismos grupos que pasarán por cualquier URBRAND. Consumidores ocasionales, consumidores *business* y consumidores fidelizados.

A los tres, nuestra URBRAND deberá estar preparada para ofrecerle cosas muy diferentes:

1. A los turistas, una oferta suficientemente atractiva para plantearse el viajar desde su casa a nuestro territorio. Son lo que llamamos puntos de interés turístico. Los monumentos. Los recursos naturales. Nuestra historia. Nuestra gastronomía. Cualquier cosa que podamos compilar en una guía lo suficientemente atractiva para que ellos se planteen visitarnos:

> En las últimas décadas se han ido incorporando nuevas modalidades al turismo, que han diversificado la apropiación de la ciudad para tales funciones. La celebración de acontecimientos científicos y congresos, aprovechando las dotaciones urbanas, la localización de grandes áreas de esparcimiento y ocio o parques temáticos (atracciones, jardines botánicos y zoológicos) y la celebración de acontecimientos deportivos de índole nacional e internacional (campeonatos mundiales y juegos olímpicos, entre otros) son buenos ejemplos de la tendencia de la actividad turística en las ciudades de los países desarrollados[1].

[1] *Diccionario de urbanismo. Geografía urbana y ordenación del territorio,* VV. AA., Cátedra, pág. 376.

Asimismo deberemos incluir, por supuesto, una oferta competitiva de alojamiento y hostelería para que puedan disfrutar de la estancia. Y por último, un buen surtido de recuerdos o *souvenirs* que puedan llevarse en el camino de vuelta a casa y así puedan hablarle a los demás sobre su viaje y recomendarlos. En marketing, son los llamados *best sellers*. Si eres un escritor, será el libro por el que todo el mundo ha empezado a leerte. Si eres un chef, ese plato del que todo el mundo habla y recomienda. Si eres un canal de televisión, tu programa estrella, el que más gente ve. El que te da nombre y notoriedad. Tus *best sellers*. Tus apuestas más rentables. Sus mejores recuerdos.

2. A los *business class* y gente que acude por negocios, deberemos ofrecerle un abanico de posibilidades de *networking*, de conexión entre clientes y proveedores, *hubs* logísticos, infraestructuras de transporte, tecnologías de la información y comunicación, así como seguridad jurídica y financiera, precios competitivos, inversiones inmobiliarias, etc. En una palabra, oportunidades. Nos encontramos ante productos y servicios con más posibilidades de desarrollo, aquellos que igual hacen que ganemos menos margen, pero le permiten al consumidor hacer negocio a nuestra costa y por tanto tener una experiencia satisfactoria dentro de nuestra URBRAND. Es lo que Ferran Adrià tuvo con su Bulli. O lo que David Muñoz tiene con su DiverXO. Apuestas nada rentables per se[2], pero buques insignias que abren nuevas oportunidades que sí lo son.
3. Por último, a la gente que se quiera quedar a vivir, se podría volver a esbozar una pirámide maslowiana. Pero

---

[2] David Muñoz: «Soy mileurista con tres estrellas Michelin». http://cincodias.com/cincodias/2013/11/22/sentidos/1385152048_571832.html

como ya hemos dicho que le tomamos manía, prefiero resumirlo en dos aspectos claves en la vida de cualquier ciudadano. Lo que tiene que ofrecerte toda urbe a sus habitantes son básicamente dos cosas, las mismas que busca cualquier ser humano en su vida:

- Transformarse: dar la posibilidad de desarrollarse como persona, o lo que en términos de Maslow sería la autorrealización.
- Transcenderse: dar la posibilidad de echar raíces, ya sea mediante la descendencia, o bien dejando algo digno de convertirse en legado para la posteridad:

> Antes de fallecer en 1970, Maslow había llegado a la conclusión de que su teoría original sobre la autorrealización, el modo en que los seres humanos llegan a ser «todo lo que pueden ser», estaba incompleta. Amplió el concepto de autorrealización para que incluyera la búsqueda constante de conocimiento y el deseo perpetuo de belleza y estética; y creó un nivel superior al que llamó «transcendencia», en el que las personas, de haber satisfecho todas sus necesidades previas, necesitarían ayudar a los demás para sentirse plenamente realizadas. Estas necesidades de más alto nivel parecen tener poco que ver con la supervivencia fisiológica, pero, en las sociedades modernas y prósperas actuales, determinan inevitablemente nuestro desarrollo psicológico: nos motivan en todos los aspectos y representan la clave para una vida feliz y plena.[3]

Ésta ha sido, justamente, la premisa que ha venido empleando desde 2002 un surfero californiano, de nombre Nick Woodman, para publicitar su línea de cámaras digitales especialmente diseñadas para grabar deportes extremos. En lugar de rodar un

---

[3] *Las ciudades creativas. Por qué donde vives puede ser la decisión más importante de tu vida,* Richard Florida, Paidós, pág. 165.

costoso anuncio y tratar de convertirlo en viralizable en Internet, lo que hizo fue facilitar que los usuarios colgasen sus vídeos en YouTube, sin apenas esfuerzo, y eso sí, siempre asociados a la inconfundible marca de la casa, GoPro, «la cámara más versátil del mundo». Hoy, cada minuto se sube un vídeo rodado con este tipo de cámaras, existen ya miles de comunidades en redes sociales exclusivamente dedicadas a contenidos #GoPro y no es de extrañar que el 21 por 100 de las cámaras vendidas en Estados Unidos sean suyas. Todo un caso[4] de éxito que ya se estudia en las facultades de marketing digital.

Cuando la marca se convierte en la plataforma sobre la cual sus consumidores se realizan, viven, experimentan, disfrutan y se relacionan entre sí, hasta el punto de convertirse en fans, publicistas y apóstoles de la marca —ciudadanos—, ya no estamos hablando sólo de una marca 2.0, estamos hablando de una URBRAND del siglo XXI.

En este sentido, en su *Ciudades creativas,* Richard Florida establece[5] cinco condiciones que cualquier ser humano se plantea o debería plantearse para encontrar el mejor lugar para vivir:

1. Las oportunidades profesionales y laborales

Es decir, el valor añadido. Si no existe una propuesta de valor apreciada, aceptada y adoptada por el consumidor, olvídalo, no hay nada. Y en marketing, el valor es el diferencial percibido entre lo que ya tenía y lo que ahora se me ofrece. De ahí la sobreexposición de la palabra «nuevo» en publicidad: para

---

[4] http://www.thinkwithgoogle.com/case-studies/gopro-youtube-case-study.html

[5] *Las ciudades creativas. Por qué donde vives puede ser la decisión más importante de tu vida,* Richard Florida, Paidós, pág. 287.

David Ogilvy, las dos palabras más poderosas para seducir en la venta publicitaria eran «gratis» y «nuevo»[6].

2. Cercanía o lejanía de amigos y familiares

En otras palabras, todo lo que tiene que ver con la aceptación de esa URBRAND por parte de tu entorno, desde el boca oreja hasta el *member get member*. Las URBRANDS son sociales o ya no son. Si una URBRAND no la empezamos a entender como un sistema abierto y una plataforma social en la que ciertos usuarios interactúan y se aportan valor, no habremos entendido su verdadero valor. Y es que como afirma la Ley de Metcalfe[7], el valor de una red de comunicaciones es proporcional al cuadrado del número de usuarios del sistema.

3. Lugar que armonice con nuestro estilo y ritmo de vida

En 2008, a una *blogger* de nombre Jane Sample se le ocurrió *postear* un panel horario con todas las marcas que utilizaba a lo largo de un día. Había nacido el primer Brand Timeline Portrait[8]. Fue una bellísima expresión de lo que consiste la parrilla de consumo de cualquier individuo. Ahí es donde pretenden colarse las URBRANDS hoy en día. Ahí es donde querrían estar. Desplazando a tu dentífrico, a tu marca de pantalones, a tu televisor. Y ahí es donde se dejan la piel miles de millones de euros tratando de convencerte de que se adaptan exactamente a tu estilo y ritmo de vida para que les dejes entrar.

---

[6] *El lenguaje de la publicidad,* Eulalio Ferrer, Fondo de Cultura Económica, pág. 178.

[7] http://es.wikipedia.org/wiki/Ley_de_Metcalfe

[8] http://kottke.org/09/05/brand-timeline-portraits

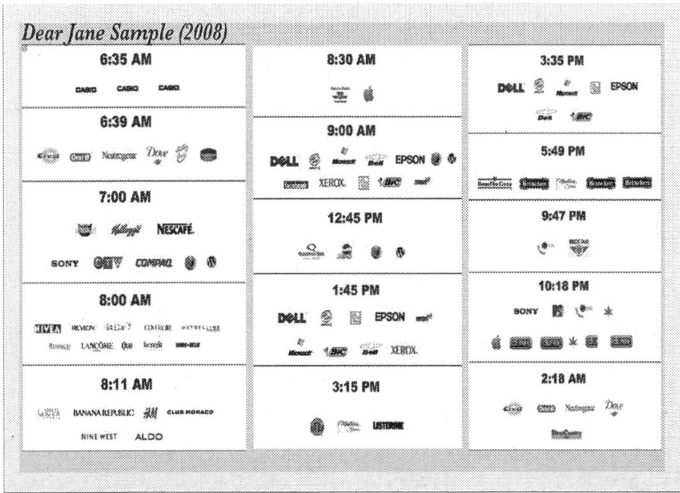

4. Que el sitio encaje con nuestra personalidad

Una URBRAND es también lo que proyecta de nosotros. Cuando conducimos un coche de una marca y modelo determinado le estamos diciendo al mundo muchas cosas. No sólo nuestro poder adquisitivo, que también, sino sobre todo en qué preferimos gastárnoslo. A igualdad de precios, afortunadamente, hoy existen siempre múltiples y variadas opciones que hacen de nuestra elección un mensaje al mundo sobre lo que somos y ante todo, sobre lo que queremos ser.

5. Que el sitio se adapte a nuestra fase vital

Que según Florida, básicamente son tres:

- Soltero y sin hijos
- Casado o con hijos
- Con hijos que ya se han ido de casa

No hay que ser muy hábil para darse cuenta de que este último punto es crucial para segmentar el tipo de URBRAND que consumirá cada colectivo. Y si no, que se lo pregunten a las marcas de platos precocinados, a los fabricantes de pañales y a las agencias de viajes para la tercera edad.

Urbrandízate

¿Quiénes son los turistas que más te interesan? ¿Quieres un turismo de alta o de baja calidad? ¿Tienes mucha rotación de turistas o los tuyos son de los que se quedan mucho tiempo? ¿Trabajas de cara al público, te gusta conocer gente nueva o eres más bien una persona introvertida y con poca interacción social? ¿Qué les vas a ofrecer? ¿Y qué pueden hacer ellos por ti? ¿Cuál es tu oferta turística inicial? ¿Qué les ofreces para que pasen una estancia memorable? ¿Y a tus *business class*? ¿Y a tus habitantes? ¿De qué manera conseguimos que cumplan sus objetivos de transformarse y transcenderse? ¿Cómo educas a tus turistas? ¿Qué les das para que te recomienden a otros turistas potenciales?

9

Demografía

Y tú de quién eres

París

Hay tantas mujeres que podrían ser París, que sólo puedo hablar de ella desde lo que es. La mujer con la que uno está. Y la que te dejó. Y la que se ha negado a estar contigo.

Tras la Revolución de 1789, París experimentó un incremento de población insólito hasta la fecha, que puso en peligro inminente la salubridad y la practicabilidad de su estructura urbana. Hasta ese momento, como cualquier otra ciudad europea, la ciudad había crecido a golpe de callejón estrecho, de barrios vecinales de lo más dispares y desiguales, y con una distribución más fruto del azar y de la herencia medieval que de la planificación urbanística propiamente dicha. Eso provocó que sus calles se volviesen incapaces de asimilar tanto ciudadano y

tanta actividad concentrada sobre la misma superficie, y si a eso le sumamos un deficiente sistema de alcantarillado, poca o nula infraestructura y carencia de servicios municipales, no es de extrañar que a menudo acabasen llenas de lodo, restos de basura, desperdicios, etc., lo cual favorecía la propagación de plagas, enfermedades y epidemias de todo tipo.

Pero algo cambió un día cuando, a mediados del siglo XIX, un Napoleón III en estado de gracia encarga al barón Georges-Eugène Haussmann lo que acabaría significando la remodelación del 60 por 100 del suelo urbanizado de París. El encargo incluyó tres requisitos básicos:

1. Modernizarla. Había que adaptar una ciudad medieval y caótica a la cantidad creciente de vehículos privados —carruajes, fundamentalmente—, así como a revolucionarias tecnologías como el ferrocarril.
2. Blindarla. Tras las Revolución, aún reciente, y tras las revueltas de 1830 y 1848, había que construir avenidas bien anchas con el objetivo de:
   - impedir la construcción de barricadas, y, por tanto, la aparición de nuevos focos de insurgencia, y
   - facilitar acceso inmediato a cualquier punto a los servicios públicos y fuerzas del orden.
3. Segmentarla. Una floreciente clase burguesa reclamaba y merecía permitirse su espacio, mientras que la necesaria clase trabajadora fue expulsada a los suburbios, de donde ya no volvería jamás.

A raíz de la haussmannización de la ciudad, que supuso no pocas polémicas aún discutidas en algunos foros de urbanismo, un oscuro y medieval París se pudo convertir definitivamente en lo que hoy conocemos como la Ciudad de la Luz, mientras se erigía como ejemplo y referente para las subsiguientes reformas

de otras capitales como Londres, Viena, Moscú, Florencia, Madrid o Barcelona.

* * *

Algo así ocurre con cualquier URBRAND. Cuando empiezas a construir una marca, en caso de éxito, como mucho podrás aspirar a ser nicho, dirigirte a unos pocos, hacerles sentir especiales, que lo que haces lo haces sólo para ellos. Tus acciones, por tanto, deberán ir encaminadas, en un principio, a que los habitantes de esa URBRAND se sientan únicos, pioneros, pertenecientes a una secta que fue creada para ellos. Pero hay que ser conscientes de que, tengas éxito o no con tu URBRAND, un día eso se acaba.

Si no tienes éxito será porque algún día te abandonen. Habrás dejado de ser *indie,* y, por tanto, *cool.* Palabrejos que no hacen más que indicarte que has dejado de ser interesante para el grupo que te adoptó. Seguramente habrán aparecido nuevas URBRANDS en el vecindario que se los habrán llevado para su causa. Y tú habrás perdido tu oportunidad. Piensa en marcas como Privata, Swatch o Mistral. Tuvieron su momento, su atractivo, estuvieron de moda, pero no supieron gestionarse el después.

Y qué es el después, preguntarás, el después es el crecimiento, es el verdadero éxito. El después es el vender cada vez más. Es convertirse en una marca masiva, lo que en cualquier industria se conoce como *mainstream*. Si te conviertes en *mainstream* y no quieres que tus calles se llenen de heces, enfermos y borrachos debes proceder urgentemente a tu haussmannización:

1. Adaptarla no sólo a las nuevas tecnologías, sino también a nuevos *targets,* a los nuevos ciudadanos que vayan naciendo: actualizarla, porque una URBRAND obsoleta es una URBRAND que está *out*.

2. Blindarla contra insurgentes: protegerse contra los ataques por parte de los que no querrán ni cambiar ni adaptarse a tus cambios.
3. Segmentarla para quedarte con el consumidor que más te interese y expulsar al menos interesante a la periferia. Volveremos a ello cuando hablemos de barrios y distritos.

Si eres una cadena de supermercados, te llamas Dia, y te preocupa que la gente joven no te siga percibiendo como una URBRAND moderna y afín, acudes a la agencia Leo Burnett y te proponen editar seis libros de recetas en formato novela[1], haciendo coincidir los tiempos de espera entre instrucción e instrucción y los tiempos de lectura. Simplemente brillante.

Urbrandízate

¿De qué manera podemos llevar a cabo la haussmannización de nuestra URBRAND y adaptarla a los nuevos tiempos? ¿Qué tecnologías nos pueden ayudar a destacar o a ser los primeros en utilizarlos? ¿Lo que siempre se ha hecho en esta localización, sigue siendo válido? ¿Cómo gestionamos los que no querrán cambiar? ¿De qué manera establecemos nuestra primera segmentación? ¿Qué tipos de ciudadanos tenemos? ¿Y a cuáles preferimos tener?

---

[1] Recetas noveladas: https://www.youtube.com/watch?v=rlYgpkhfqCo

10

Política

Decidle a mi madre que trabajo en un burdel

Sabadell

Cinco años juntos. Cinco años en prácticas bilaterales como cartógrafos novatos. Cinco años dibujando al tuntún esta topografía emocional que hoy nos orienta, nos guía y de vez en cuando hasta nos hace perder el sentido. Y es que hoy hace cinco años menos un día que decidimos borrar todas las fronteras físicas y mentales entre tú y yo, para poder imaginar juntos reinos imposibles e inseparables que este sapo y su princesa pudiesen y quisieran compartir.

Y lo primero que compartimos fue un norte. Un lugar tan frío, tan árido y tan distante que jamás querríamos llegar a habitar, pero que tiene que existir siempre, al menos para que apunten sobre él todas las brújulas. En este norte, como en todos los

nortes del mundo, a veces se nos perdieron palabras, la mayoría de veces sin querer. Palabras que se nos fueron demasiado lejos, que llegaron donde jamás debieron llegar, tan lejos que merecieron morir de hipotermia, congeladas en la tundra de los silencios dichos y las expresiones calladas.

Por eso al norte de nuestras cosas abundan siempre las montañas, los riscos y los acantilados. Porque al territorio le pasa como a cualquier biografía: si no tiene altibajos y cambios de altitud, no vale la pena gastar ni una gota de tinta en ella. Y no me preguntes cómo ni por qué, pero poco a poco vamos aprendiendo a no acometer ninguna escalada sin una buena preparación física, un equipo en condiciones y un par de bombonas de oxígeno. Aunque ahí sigue siempre el riesgo, el peligro de precipitarse demasiado y caer al vacío.

Afortunadamente, también compartimos un sur. Un sur confortable, llano, sencillo, hospitalario, el sur de la complicidad, el sur del roce y las reconciliaciones. Un sur que trazamos sin demasiado esfuerzo, que es como se trazan las cosas de verdad. Nos salió así, de natural y casi sin pretenderlo, como surge el buen sexo. Por eso allí guardamos las anécdotas y las risas, las salidas espontáneas y las cosas que jamás preparamos, pero que acabaron convirtiéndose en recuerdos que todavía hoy tienen la capacidad de sincronizar nuestras sonrisas.

A un lado, como todas las parejas que inventan futuros en común, mantenemos siempre nuestro este. El este es el lugar donde siguen naciendo todas las cosas. La luz, todo lo que vino, lo que viene y lo que vendrá. Nuestros proyectos, nuestras metas. Y por supuesto, ese pedazo de vida que nos aprende mucho y nos enseña mucho más, lo más brillante que habremos hecho nunca. Innovación oriental —de dónde si no— que nace cargada de esperanza y se dirige siempre hacia el poniente de nuestra inseguridad, pues detrás de toda luz siempre viene, bien pegadita, su sombra.

Y es que, por último, aunque no nos guste admitirlo, también compartimos un oeste. El salvaje oeste, sí. El que oculta lo desconocido, lo inesperado, refugio de miedos, forajidos y buscavidas. Ese no saber si mañana seguiremos juntos. Esos celos tan difíciles de admitir. Ese llevar así desde el primer día. Y ese desear que continúe de este modo durante mil años más.

Como ves, en este mapa de nuestro reino unido es ilegal y de muy mal gusto inscribir expresiones típicas y gastadas. No porque no las sintamos ni porque no las creamos, sino porque como son demasiado fáciles de pronunciar, parece que las pueda sentir cualquiera y de segunda mano. Ambos las habremos utilizado antes con otras personas, y aunque entonces todavía no lo supiéramos, desde ese mismo momento dejaron de ser lengua oficial aceptada.

Poco más que añadir. En el país de nuestras maravillas no existe más capital que el sofá, el producto interior bruto es lo mucho que nos echamos de menos, y hay fiesta nacional cada vez que me miras como si no existiese ningún otro nombre ni en el santoral.

Hoy somos ciudadanos el uno del otro. Ocupamos el breve espacio en el que el otro no está. Si alguna vez nos alejamos, ya no es por el hecho de tener que viajar. Y si alguna vez nos notamos más cerca, es seguramente porque hemos pasado por este trozo del mapamundi y aquí es mucho más fácil escuchar.

Por todo ello, te pido, te solicito, te ruego y te suplico formal y públicamente que jamás me extradites, que me des asilo político y que me dejes adoptar esta nacionalidad.

Sé que será difícil, no te voy a prometer nada que no pueda incumplir, pero ahora que hemos encontrado nuestro lugar en el mundo, si tú lo quieres y sólo mientras tú lo quieras, pienso seguir recorriéndote no ya cada cinco años.

Sino todos los días.

* * *

¿A quién pertenece una URBRAND? Hace un tiempo, en un vuelo doméstico cualquiera, me tocó sentarme junto al presidente de una famosa marca de refresco de cola que no te puedo decir porque le prometí confidencialidad pero que es de color rojo. Durante el vuelo, hablamos de muchas cosas, del estado de la industria, de las campañas de publicidad, de las agencias, etc. Pero hubo un momento en el que dicho presidente se me sinceró tanto que hasta me dio miedo.

En un momento de la conversación, el presidente me dijo:

—Es que lo que mucho director de marketing no entiende es que una marca no pertenece a quien la gestiona, sino a quien la consume. Nosotros, como mucho, la administraremos mientras nuestros clientes decidan seguir consumiéndola.

Creo que es la mejor definición de política de marketing con respecto a una URBRAND que he oído jamás. Igual que una ciudad no pertenece a quien la gobierna, sino a los ciudadanos que habitan en ella, una URBRAND es propiedad de quien la consume. Y la buena gestión, como el buen camarógrafo, como el buen salvaslip, es la que ni se ve, ni se nota, ni traspasa. Hay que estar ahí donde le reclame el verdadero jefe de todo esto, el que paga todos nuestros sueldos: el consumidor.

De ahí que los consumidores hoy sean mucho más poderosos que cualquier votante. Ejercen su derecho muchas más veces, con mayores implicaciones y seguramente con mejor criterio que cuando se transforman en electores. No he visto nunca a un votante leyéndose un programa electoral con el mismo interés como cuando ese mismo individuo se sienta en la taza del váter y tiene a mano cualquier bote de champú.

¿Y qué es lo que hay que exigirle al gestor de una URBRAND? Lo mismo que a cualquier candidato político, lo que yo suelo resumir en estas 5 C:

1. C de Conocerse. La autenticidad comienza por el autoconocimiento, saber en qué eres bueno y en qué no, cuá-

les son tus competencias y habilidades, qué puedes aportar tú mejor que los demás. En definitiva, un análisis DAFO[1] completo, personalizado y exhaustivo. Si algo no es auténtico, si está importado, tarde o temprano se sabrá. Ser honesto no es una cuestión ya moral, sino pragmática. No se trata de ganarte el cielo, sino la continuidad.

2. C de Comprometerse. Una vez conocidas las propias virtudes y carencias es momento de encontrar la causa por la que lucharemos, al servicio de qué batalla pondremos nuestras armas a pelear, bajo qué estandarte nos colocaremos en la guerra que está librando la industria, pues «la misión de la gente del marketing de hoy es reagrupar a la gente. No se trata de visibilidad, se trata de compromiso»[2].
3. C de Comportarse. Nos hemos comprometido con una causa, es el momento de demostrar que somos lo que hacemos. Nuestros actos lo dicen todo, así que más nos vale llevar a cabo aquellos que sean coherentes y consistentes con los dos puntos anteriores, de cualquier otro modo, estaremos perdiendo el tiempo y lo peor, haciéndoselo perder a los demás.
4. C de Comunicarse. Ahora que tenemos algo que decir y hechos que respaldan nuestro compromiso, es el momento de darlo a conocer. Las habilidades personales y las Tecnologías de la Información y la Comunicación aquí juegan su papel más relevante. Por eso, no hay que olvidar lo más importante de este paso: comunicarse no es sólo decir, también implica —y sobre todo— escuchar.

---

[1] Si no sabes lo que es, no pasa nada, para eso está la Wikipedia.

[2] *Storytelling. La máquina de fabricar historias y formatear las mentes,* Christian Salmon, Península, pág. 55.

5. C de Compartirlo. Por último, no se trata sólo de hacerlo nosotros, sino de que cada vez más gente lo pueda hacer por ti, y como tú. No se trata de proveerles de peces, sino de enseñarles a pescar. Compartirlo todo es el principio de mejorarlo. Y ahí es donde están siempre las verdaderas economías de escala. No te preocupes por el *copyright,* si tienes la fábrica encima de tus hombros, nadie te podrá hacer sombra jamás.

Existe actualmente un movimiento muy importante en comunicación llamado «marketing de movimientos» y liderado por gente como Scott Goodson[3], que consiste en identificar a nivel global qué tipo de movimientos existen, en ecología, en sociedad o en economía, por ejemplo, y vendérselos a una marca; o ayudarla a que se apropie de ello. O sea, que esa URBRAND diga: «Oiga, yo voy a abanderar este movimiento porque creo en ello y considero que la gente que está luchando por ello vale la pena».

Yo creo que esto va a más. Nos hemos desconectado de los gobiernos y cada vez nos creemos menos a los políticos, las generaciones que vienen detrás tienden a leer los diarios por la última página, no por la primera. Cada vez ocurre más, es decir, prefieren ver primero el entretenimiento que la política.

En la medida en que las URBRANDS o las grandes corporaciones acumulen muchísimo, lo que llaman *engagement,* es decir, el compromiso, la capacidad de conectar emociones con unos valores y con unos ideales, y luego también en la medida en que esas corporaciones acumulen mucho capital para poder hacer cosas —mientras los gobiernos cada vez tienen menos—, al final vamos acabar exigiendo a las marcas y a las corporaciones que hagan lo que no han podido hacer los gobiernos: cum-

[3] Fundador de la agencia de comunicación StrawberryFrog.

plir nuestros sueños, luchar por nuestras emociones. Y es lícito que lo hagamos, porque las estamos votando cada día, cada vez que compramos sus productos. Esto es así desde que podemos publicar nuestras opiniones en cualquier foro, blog o hacer un comentario en un diario de tirada nacional.

URBRANDÍZATE

¿De qué manera se aplican las 5 C a nuestra URBRAND? ¿A qué movimiento ya existente nos podemos apuntar que no lo haya hecho otra URBRAND ya? ¿Cómo podemos ser oportunistas y oportunos a la vez?

11
Economía
Conducir por el espejo retrovisor

Montecarlo

Para mí que Montecarlo ha sido siempre la más cara del mundo. Bueno, seguro que las hay más caras, pero yo te aseguro que no he conocido ninguna como ella. Cada vez que salíamos a cenar, yo acababa siempre pagando por encima de mis posibilidades. Por suerte aún no se había inventado el término Pagafantas, aunque tampoco habría sido exactamente así porque al final sí que acabábamos frunjiendo, lo único que siempre era a un altísimo coste para mi economía de entonces, más próxima a la subsistencia del estudiante y del todo a cien.

Tanto era así que durante la semana yo tenía incluso que dejar de comer algunos días para compensar lo que se avecinaba cada fin de semana. Sabía que quedaríamos, sabía que saldría-

mos y sabía que yo tendría que pagarlo todo. Desde nuestra cena, hasta las copas, hasta su taxi, si es que no me insistía para que la fuese a buscar yo.

Pero es que lo peor no era eso. Lo peor es que a la hora de pedir la cuenta, ella siempre hacía el ademán de ir a pagarla. Al principio yo siempre me negaba, por aquello de la caballerosidad mal entendida, por intentar seducirla con un gesto prefeminista de galán trasnochado y de educación de colegio de pago.

Montecarlo entonces retiraba la mano de su bolso, con un gesto de desaprobación de lo más fingida, y dejaba que yo esquilmase mi maltrecha cuenta corriente con un muchas gracias y un repentino cambio de tema en la conversación. Yo, que trataba de seguir lo que ella me decía, pero no podía evitar estar más pendiente del camarero, que llegaba todo sonriente con su platito dispuesto a hacerme un poco más pobre, mientras yo encima rebuscaba en los bolsillos traseros de mis pantalones por si me hubiese dejado olvidada alguna moneda para dejar de propina.

En ese momento, recuerdo desear con todas mis fuerzas que el tipo se equivocase a la hora de marcar el precio, por supuesto a mi favor. Pero nunca sucedía. Si mi tarjeta hubiese tenido ojos, me habría mirado con cara de gatito de *Shrek* y boca de emoticono llorón.

Pero un día, sin previo aviso, sucedió lo inesperado. Justo cuando ella ponía en marcha el falso ritual de ir a pagar, yo tuve un repentino ataque de lucidez y se me ocurrió dejar que lo hiciese. Montecarlo introdujo su mano en el bolso, y fui yo el que siguió hablando como si no me hubiese percatado que había una cuenta que había que abonar.

Sus movimientos se fueron ralentizando y haciéndose cada vez más exagerados. Quería hacerme saber que estaba a punto de pagar ella la cuenta. Y yo, en un acto inédito de dignidad, la dejé hacer. Cuando llevaba así como varios minutos, de pronto,

levantó su mirada y con una sonrisa de las que se ponen cuando dices algo que sabes que no va a gustar, me lo soltó:

—Cariño, me he dejado la cartera en casa, ¿podrías pagar tú?

* * *

A la hora de analizar económicamente tu URBRAND, lo primero que deberás pensar es cómo aprovechar los recursos que tienes. La economía urbana consiste en optimizar lo que ya hay para poder obtener más riqueza que te permita construir lo que pretendes que haya. Este espacio inicial, este punto de partida geoeconómico es lo que en urbanismo se conoce como Eje Territorial:

> Eje Territorial: alineación o traza sobre el terreno que permite deducir o comprender una característica relevante de su conformación natural, o aprovecharla a los efectos de su utilización humana. Históricamente, los ríos más o menos navegables, algunos valles o depresiones estructurales y determinados lugares de paso obligado, han sido entendidos o han potenciado la formación de ejes territoriales naturales. Aunque la mayoría de ejes territoriales utilizan posibilidades naturales, estos se forman sobre todo por las prácticas sociales, progresivamente reforzadas por implantaciones y construcciones tales como las vías de comunicación y el hábitat, preferentemente. El Camino de Santiago y la Ruta de la Plata pueden ser, entre otros muchos, buenos ejemplos de la formación de ejes territoriales de gran continuidad física e histórica por motivos diferentes.[1]

En marketing se recurre con frecuencia al concepto de *insight,* un término adoptado de la Psicología que consiste en el

---

[1] *Diccionario de urbanismo. Geografía urbana y ordenación del territorio,* VV. AA., Cátedra, pág. 148.

descubrimiento de una conducta propia que no éramos conscientes de que estábamos llevando a cabo. Ahora se asocia más a las motivaciones[2], pero da igual. El caso es que mediante ese descubrimiento, ese «me han pillado, yo también hago eso», se obtienen altísimos grados de compromiso y de intención de compra. Es el clásico problema solución: ¿cansado de que...? Por fin ha llegado la solución a todos sus problemas. Son intentos por venirte a decir que te vamos a solucionar incluso los problemas que no sabías que tenías. Y son llamadas desesperadas a llenar tu URBRAND de gente:

> Las ciudades se benefician de las economías de aglomeración: acumulación de empresas en un determinado espacio muy accesible y bien dotado de factores de producción, que al mismo tiempo posee un enorme mercado potencial de consumidores.[3]

Hay que conseguir conectar a todos los consumidores que decidan habitar en nuestra URBRAND. Entre ellos, sí, y también con el exterior de una marca. Donde haya un río, podrás construir un puerto. Si existen montañas a tu alrededor, seguramente deberás construir túneles y puentes para conectarte con el exterior. Y es que tu crecimiento hoy ya no viene sólo de lo que consuman tus ciudadanos, sino de lo conectados que estén con el resto del mundo:

> Algunos autores como J. Remy subrayan el hecho de que la conformación de las áreas urbanas actuales es el resultado de

---

[2] http://www.branzai.com/2014/03/el-insight-ha-caducado-motivaciones.html

[3] *Diccionario de urbanismo. Geografía urbana y ordenación del territorio*, VV. AA., Cátedra, pág. 143.

> las transformaciones experimentadas en el sistema económico. Entre las actividades económicas de la ciudad se han calificado como actividades básicas aquellas que contribuyen a generar riqueza mediante su proyección exterior, y como no básicas las centradas en satisfacer las demandas de la propia población urbana.[4]

Diarios digitales que empiezan a glosar los titulares de otras cabeceras. Cadenas de televisión que hablan de lo que ocurre en otras cadenas de televisión. Libros que citan a otros libros. El concepto de hipervínculo ha dinamitado los sistemas cerrados. Donde no corre el aire, no florece la vida. Y donde no hay vida, no hay ventas. Volveremos a ello cuando hablemos del aspecto clave para que prospere la economía: el transporte, la conexión —física y emocional— entre personas, empresas o instituciones.

Autores de muchísimo prestigio, como mi admiradísimo Andy Stalman, lo expresan con claridad meridiana:

> Varias marcas han comprendido la relevancia de la conexión emocional, que incluye algunos aspectos relevantes como pasar de la idea de vender a la de intercambiar, así como sustituir el concepto de clientes por el de fans o transformar las estructuras rígidas y conservadoras del pasado por otras más flexibles, abiertas y conectadas. De la misma forma, estas marcas son conscientes de la necesidad de trabajar en la construcción de la relación con la comunidad, crear la conversación, ser honestas y emocionantes.[5]

---

[4] *Diccionario de urbanismo. Geografía urbana y ordenación del territorio,* VV. AA., Cátedra, pág. 143.

[5] *Brandoffon. El Branding del futuro,* Andy Stalman, Gestión 2000, pág. 37.

Dejemos de hablar de clientes de una marca y empecemos a hablar de una vez por todas de ciudadanos de una URBRAND abierta al mundo.

URBRANDÍZATE

¿Cuál es tu Eje Territorial? ¿Cómo lo estás aprovechando? ¿Está la economía de tu URBRAND lo suficientemente abierta hacia el exterior? ¿Puedes desviar el mercado para hacer que pase por tu Eje Territorial? ¿Estás sólo orientado al intercambio o favoreces la interacción entre tus ciudadanos? ¿Tus ciudadanos son clientes o fans? ¿Qué tratados o acuerdos comerciales puedes establecer más allá de tus fronteras para favorecer tanto la exportación como la importación de todo lo que tiene tu URBRAND, empezando por tus ciudadanos?

12

Educación

Aprendiendo a decir basta

Caracas

A Caracas le costaba mucho ser puntual. Recuerdo que siempre se quedaba a hacer horas extras en todas partes, en el trabajo, en el gimnasio, e incluso en el cine. Ya me dirás, quedarse en el cine cuando ya acabaron hasta los créditos de la película.

Pero lo más raro de Caracas no era eso. Lo más extraño es que yo siempre la entendía. Jamás se me agotó la paciencia. Y mira que razones, me las dio todas. Su móvil no paraba de iluminarse todas las noches a altas horas de la madrugada, con mensajes que siempre la hacían sonreír. Cada día llegaba a casa recién duchada, incluso a veces, apestando a desodorante masculino. De vez en cuando hasta le aparecían moretones en el

cuello, que yo le ayudaba a disimular con pañuelos o con algo de maquillaje.

Yo amaba nuestra convivencia, le hacía el desayuno todos los días, no fuera a marcharse un día y no volver jamás. No fuera a enterarse un día de que mientras ella me engañaba con todo macho viviente, yo me estaba tirando a su única hija —mayor de edad, sí—. Caracas me enseñó que a las relaciones les ocurre como a las cadenas de música. Si existe la alta fidelidad es porque existe la baja fidelidad.

* * *

Urbanidad: [del lat. *urbanĭtas, -atis*] Cortesía, comedimiento, atención y buen modo. Me llama mucho la atención que nuestro Diccionario de la Real Academia Española, en vez de definir una de las palabras más importantes para la existencia de nuestra civilización, en este caso se conforme con dedicarle una simple ristra de sinónimos. Sobre todo teniendo en cuenta su raíz, su origen etimológico, tan íntimamente relacionado con la urbe.

No ocurre lo mismo con civismo: [del fr. *civisme*] Comportamiento respetuoso del ciudadano con las normas de convivencia pública. El civismo como patrimonio fundamental de todo ciudadano. Aquí sí. Ya surge el concepto de ciudad como prerrequisito para que aprendamos a tratarnos con cierto respeto.

La educación, y más concretamente, la formación, es una característica intrínsecamente ligada al concepto de ciudad, tanto es así que acaba siendo uno de los criterios fundamentales para escoger lugar de residencia:

> Ahora ya no importa dónde habita la mayoría de la gente, sino dónde habita *la mayoría de la gente más formada.* Como los beneficios de ubicarse entre los más capaces son tan elevados y como los salarios de los espectros superiores crecen con

> tanta rapidez, tiene sentido que esos trabajadores sigan pujando a la alza por la vivienda [...] y acepten costes que no están al alcance de los trabajadores de clase media y de sus familias. A medida que las familias tradicionales de clase media se ven desplazadas por hogares más pequeños con rentas más elevadas, puede suceder que la población disminuya y que el crecimiento económico prosiga. Las ciudades y regiones con mayor éxito de Estados Unidos y del mundo entero pueden acabar ocupadas por un núcleo de trabajadores acaudalados y en extremo móviles con vidas muy privilegiadas, abastecidos por una clase inferior de trabajadores de servicios que cada vez vivirán más lejos.[1]

Y el hecho de que la gente esté más formada atrae a gente más inteligente, lo cual acelera el crecimiento:

> Ahora ya no importa dónde habita la mayoría de la gente, las metrópolis de los medios económicos cuentan con un mérito añadido sobre el resto de regiones: salen con ventaja. Por distintas razones históricas (la presencia de grandes universidades suele ser una de ellas), las metrópolis de los medios económicos ya empezaron con una concentración elevada de personas inteligentes. Y, a medida que se añaden más personas de ese tipo, el efecto multiplicador sobre el crecimiento aumenta sin cesar. Esto no es cierto tan sólo para el crecimiento de la comunidad en su conjunto, sino también para el de los ingresos y de las oportunidades de las personas individuales.[2]

Para progresar es necesario la formación. Para emprender es necesario aprender, aprehender y comprender. Por eso, si

---

[1] *Las ciudades creativas. Por qué donde vives puede ser la decisión más importante de tu vida,* Richard Florida, Paidós, pág. 104.

[2] Ibíd., pág. 103.

quieren crecer, las URBRANDS hoy necesitan más que nunca poder ofrecer a sus ciudadanos una experiencia de enriquecimiento personal que vaya mucho más allá de la mera transacción económica.

No se trata de obviar que queremos venderles algo. Más bien todo lo contrario. Se trata de hacerles saber que NO SÓLO buscamos su cartera. Es el concepto *Willing Suspension of Disbelief*[3] que acuñara el poeta y filósofo Samuel Taylor Coleridge: tú ves en la pantalla a Julia Roberts y sabes que es ella, que no es Erin Brockovich. Sabes que todo es mentira, que es una ficción seguramente basada en un hecho real, pero que la que ves no es la mujer a la que le ocurrió de verdad. Sin embargo, quieres creer que Julia Roberts es Erin Brockovich, por lo que te olvidas voluntariamente de que es una actriz multimillonaria que está haciendo un papel. Estás dispuesto a olvidarte de que está ganando veinte millones por actuar en esa película, todo a cambio de que te cuenten una historia que te emocione y te haga soñar[4]. Pues lo mismo ocurre con las URBRANDS, nuestros consumidores están dispuestos a que anhelemos sus carteras siempre y cuando se lleven una grata experiencia en su camino a la caja registradora.

Educar a tus ciudadanos hará que crezcas más y encima que atraigan a más ciudadanos inteligentes, que potenciarán aún más tu crecimiento. Regalarles un aprendizaje, una experiencia, o una misión en la vida, les hará ser menos reacios a soltarte su pasta. Este círculo virtuoso es el que ya han iniciado muchas URBRANDS. Desde Academias Chevrolet para taxistas de

---

[3] Suspensión temporal de la incredulidad.

[4] Lo mismo ocurre a la inversa, cuántas veces te habrá ocurrido que un mal actor de teatro te arruina la obra, porque no eres capaz de suspender temporalmente tu incredulidad.

Bogotá[5] hasta una experiencia viral en la que los usuarios continúan una historia perpetrada por Intel y Toshiba de título tan bello como The Beauty Inside[6] o un despertador que se desconecta desenroscando la tapa de tu Nescafé[7], todo vale si es para lograr mejores experiencias de educación y formación alrededor de una URBRAND.

Y ojo porque no es nada nuevo. Es lo que lleva haciendo Michelin desde que en 1900 André Michelin decidiese publicar su primera guía con información valiosa para acompañar a los conductores de ese invento revolucionario llamado automóvil. Ofrecer una experiencia que haga aún mejor el consumo de tu producto o servicio. Y que gracias a esa experiencia, el ciudadano de tu URBRAND se sienta mejor formado, informado y educado. De fabricar neumáticos a elaborar un *ranking* de restaurantes en función de las estrellas que les otorgas, hay todo un viaje en el que tanto la URBRAND como sus ciudadanos se vienen enriqueciendo mutuamente. Y por muchos años.

URBRANDÍZATE

¿Estás enriqueciendo el espíritu y la mente de tus ciudadanos? ¿Qué aprenden por pasar una temporada en tu URBRAND? ¿Se llevan algo? ¿Están dispuestos a suspender su incredulidad?

[5] https://www.facebook.com/notes/chevrolet-colombia/academia-chevrolet-para-taxistas-un-nuevo-ciclo-de-oportunidades/197217613632484

[6] http://es.wikipedia.org/wiki/The_Beauty_Inside

[7] https://www.youtube.com/watch?v=8ZohB3q7rJo#t=55

13

Atención sanitaria

Sano sano como un mansano

Londres

En la década de 1720, Londres era una ciudad ebria hasta decir basta. Los recién llegados del campo a la ciudad encontraron en la ginebra su analgésico ideal para soportar las duras condiciones de la gran urbe. «Las características de la ginebra eran atractivas, puesto que fermentaba con grano que podía comprarse en la ciudad, embriagaba mucho más que la cerveza y era más barata que el vino de importación».

La evolución de la población londinense había crecido muy por encima de su capacidad de adaptación y el casco urbano mostraba incapaz de garantizar unas condiciones mínimas de higiene y salubridad para convivir. «A partir de mediados del siglo XVII y hasta mediados del XVIII, la población de Londres

creció dos veces y media más deprisa que el total de la población de Inglaterra; hacia 1750, uno de cada diez ciudadanos ingleses vivía allí, mientras que un siglo antes lo hacía uno de cada veinticinco».

El Parlamento inglés vio en la ginebra un enemigo al que abatir. «Empezando a finales de 1720, y siguiendo a lo largo de las tres décadas posteriores, aprobó una ley tras otra prohibiendo varios aspectos de la producción, del consumo o de la venta de esta bebida».

Pero no sirvió para nada. Hecha la ley, hecha la trampa, y a cada normativa nueva, surgían nuevas e imaginativas formas de saltársela.

Hasta que se dieron cuenta de que se equivocaban de enemigo. El problemas jamás había sido la ginebra. Sino las causas de su consumo. «Lo que hizo que la locura remitiera no fue ninguna ley. El consumo de ginebra se trató como el problema que se debía resolver, cuando de hecho era una reacción al problema real: un cambio social dramático y la incapacidad de adaptación de los viejos modelos cívicos. Lo que ayudó a que la locura de la ginebra terminara fue la reestructuración de la sociedad alrededor de nuevas realidades urbanas creadas por la increíble densidad social de Londres, una reestructuración que convirtió a esta urbe en lo que reconoceríamos como una ciudad moderna, una de las primeras.

»[...] El consumo de ginebra, incrementado en parte por la gente que se anestesiaba por soportar los horrores de la vida en la ciudad, empezó a decaer, en parte, porque las nuevas estructuras sociales mitigaban estos horrores»[1].

* * *

[1] *Excedente cognitivo. Creatividad y generosidad en la era conectada*, Clay Shirky, Deusto, pág. 13.

Un criterio fundamental para escoger tu lugar en el mundo es algo tan básico como el sistema de garantías sanitarias, y la cobertura que nos asegure un desarrollo con ciertos niveles de higiene y salud. Lo mismo ocurre con las URBRANDS. Los consumidores buscamos marcas que nos ofrezcan ciertas garantías. Que si algo sale mal, de hecho CUANDO algo salga mal —porque algún día estaremos ya viejos o enfermos—, ahí estará un especialista para solucionar nuestro problema, o simplemente para ayudarnos a vivir más o mejor.

¿Y de qué manera puede ofrecer cobertura sanitaria una URBRAND?

La enfermedad de una URBRAND es la queja. La enfermedad crónica de una URBRAND es el descontento masivo y continuado. Las salas de urgencias son su servicio posventa. Y el departamento que atienda devoluciones y demandas, son la morgue, el tanatorio. Los clientes que lleguen ahí, difícilmente serán reanimables para el futuro. Cuando un cliente pide el libro de reclamaciones, está ya pidiendo que le habiliten una UCI. Y de la URBRAND depende su reanimación o estar dispuestos a perderlo para siempre.

Así lo argumenta el experto en *retail* y ventas Jacinto Llorca:

> [Una reclamación] es uno de esos momentos en los que se comprueba hasta dónde llega la excelencia en el trato al cliente y hasta qué punto una tienda [URBRAND] está orientada hacia la satisfacción de sus clientes.[2]

Por eso, es de vital importancia establecer desde el principio de nuestra actividad una adecuada política de devoluciones, transparente y que aporte la máxima confianza al cliente:

---

[2] *Cómo vender más en tu tienda en una semana,* Jacinto Llorca, Gestión 2000, pág. 108.

> Tener una política de devoluciones orientada al cliente es garantía de una mayor confianza en las compras realizadas. Cuando somos clientes, ¿preferimos comprar en un sitio donde no se pueden realizar devoluciones o cambios? Seguro que no. Además, recordemos que el plazo de devolución y cambio es un argumento de venta que puede tener una importante influencia en la toma de decisiones del cliente.[3]

Y como señala el portavoz de FACUA, Rubén Sánchez, en su interesantísimo glosario de las 101 prácticas abusivas de las URBRANDS sobre los consumidores[4], hay que estar preparados para cualquiera de los tres tipos de reclamaciones que nos puede plantear un cliente:

1. Que cumplamos con lo prometido: lo veremos en el próximo capítulo, «Seguridad».
2. Que abonemos o devolvamos una cantidad ya cobrada.
3. Que dejemos de exigirles dinero.

Las URBRANDS que más confianza generan son las que se anticipan a cualquiera de esos supuestos. Si quieres generar confianza, anticípate. Propón las soluciones antes de que lleguen los problemas. Sé más rápido que ellos. Esa es la mejor forma de generar confianza en tu interlocutor. Siendo más rápido que la realidad. Si vas por delante de la realidad, te convertirás en alguien imprescindible. Si vas por detrás de ella estás abocado a la queja, a la enfermedad de cualquier URBRAND y, en última instancia, a la muerte comercial.

---

[3] *Cómo vender más en tu tienda en una semana,* Jacinto Llorca, Gestión 2000, pág. 102.

[4] *Defiéndete de #101fraudes: ofertas engañosas, contratos abusivos, préstamos trampa…,* Rubén Sánchez, Martínez Roca, pág. 25.

Y existen tantas formas de anticiparse como URBRANDS hay en el mundo. A principios del siglo XX, el visionario, multimillonario y comerciante John Wanamaker inventó la cobertura de relación con sus clientes que cambió el mundo del negocio minorista y que ha llegado intacta hasta nuestros días: «Si no está satisfecho, le devolvemos su dinero». Qué mejor forma de anticiparse al miedo a equivocarse en una compra que decirle a tu cliente que la transacción no está cerrada hasta que él exprese su máxima satisfacción, y que hasta que ésta no llegue, siempre se puede tirar atrás.

En España, una mítica campaña protagonizada por su director general, don Manuel Luque, se hizo famosa por invitar a los consumidores a serles infieles: «Busque, compare y si encuentra algo mejor, cómprelo». O dicho de otro modo, estamos tan seguros de ser los mejores que sabemos que no encontrarás quien nos gane.

Desde entonces, cada URBRAND ha creado su propio sistema de cobertura sanitaria, su red de contención que garantice a sus clientes que pueden arriesgarse a gastar su dinero sin miedo alguno a caer al vacío... y perderlo todo.

URBRANDÍZATE

¿Cómo gestionas las quejas o el descontento de tus ciudadanos? ¿Te anticipas o esperas a que te lleguen? ¿Cómo detectas y atiendes a las que jamás se verbalizan? ¿Qué mecanismos estableces para saberlas incluso antes de que se produzcan? ¿E incluso antes de que la llegue a notar el propio ciudadano?

14

Seguridad

Reservado el derecho de admiración

Barcelona

No me mires así. Ni me pongas esa cara de error. No sé por quién me has tomado. Sí sé por quién te he tomado yo. Y por eso no quiero engañarte. Es lo último que querría hacer contigo. Y menos aún desde este principio tan lleno de algo que parece tan de verdad. Porque ahora sé que no eres tú. Ahora sé que soy dos.

No eres tú, soy dos. El que después de mucho esfuerzo ha logrado conquistarte y el que desde ese mismo momento se ha visto obligado a dejar de conquistar a las demás. El que estrena piropos recién sacados del horno y el que los devuelve en secreto a su envoltorio para cuando los vuelva a necesitar. El que pone toda la carne en el asador y el que siempre se guarda algo para el congelador.

No eres tú, soy dos. El que sólo quiere dormir a tu lado y el que sólo pretende acostarse contigo. El que siempre te habla del futuro y el que jamás creyó en él. El que ha empezado este texto con toda su ilusión y el que se aburre de escribir porque forma parte del pasado ya.

El que se conforma y el que te inquieta. El que te pone y el que se desquita. El que disfruta del aquí y el ahora, y el que jamás lo entenderá. Equilibrista y funambulista. Domador amaestrado y lobo feroz. El que encuentra lo que quería y el que sólo conoce el verbo buscar. El que se fascina con tus virtudes y el que cada vez detecta tus defectos con mayor rapidez. Al que emocionas y al que decepcionas exactamente por las mismas razones. Al que te agradece que hayas cautivado y al que no te perdonará cualquier tipo de cautiverio. Jamás.

Da rabia admitirlo, pena e incluso frustración, pero ambos soy yo. Y a ambos me debo más de la cuenta. La única forma de alimentar a uno es hacer que el otro pase hambre. Hasta que tanta desnutrición me vuelva un desalmado y acabe devorando todo lo que me encuentre, incluso lo que podría sentarme mal.

No eres tú, soy dos. Por eso no soy capaz de disfrutar del equilibrio. Por eso nunca hallaré la paz. Es como quedarse e irse a la vez. Como salir de todas partes cada vez que se entra. Como decir hola y escuchar adiós. Como follar para hacer el amor. Como crecer sin aprender ni a despedirse, ni *na* de *na*.

No eres tú, soy dos. Y no es que uno fuese más mío que el otro. Ni más real. Los dos fracasan cuando el otro triunfa. Los dos se odian, se aman, se necesitan y en el fondo lo que más desearían en este mundo es que el otro le dejase amar.

Pero no es así. Ahí están. Y ahí seguirán, conmigo, siempre por detrás. No puedo darles consuelo a la vez, pero la verdad es que no los puedo dejar de querer. Entre los dos me han dado los mejores momentos de mi vida. Entre los dos casi me lo quitan

cuando ya creía estar bien. Y si algún día uno muere, yo sé que el otro me matará.

Por eso no quiero engañarte. Por eso no quiero que te enamores de uno de los dos. Porque sea cual sea, al otro lo conozco bien: es celoso, posesivo y rencoroso, y no parará hasta que nos acabe separando y queriéndonos

Si me vas a querer, haznos un favor y acógenos.
Conozcámonos los tres. O los cuatro. Probémoslo.
Porque no eres tú, soy dos. Porque no sois tú, sois vos.
La buena noticia es que no soy el único. Que soy legión.
Y el que te diga que no, mi niña, igual no te miente.
Pero te aseguro que no te está diciendo la verdad.

* * *

La seguridad fue, sigue siendo y siempre será una de las premisas básicas que nos empujarán a los seres humanos a constituirnos en ciudad:

> Una división técnica, social y espacial [que] implica intercambios de naturaleza diversa entre aquellos que producen los bienes de subsistencia y los que producen los bienes manufacturados (los artesanos), bienes simbólicos (los sacerdotes, los artistas, etc.), el poder y la protección (los guerreros).[1]

Cuando hablamos de seguridad ciudadana, nos referimos obviamente a la seguridad física, pero no exclusivamente a ésta:

> La seguridad [...] incluye la situación económica general, la dirección de la economía, la naturaleza y la dirección del

---

[1] *Los nuevos principios del urbanismo,* François Ascher, Alianza Ensayo, pág. 19.

> mercado laboral y otras condiciones sociales, como la seguridad general. Son características profundas que no pueden modificarse ni fácil ni rápidamente, y que no responden a acciones directas, ya sean públicas o privadas. [...] La seguridad económica y física tiene una gran influencia sobre la satisfacción con la comunidad y va a la zaga de la apertura.[2]

¿Y cuál es el factor que más seguridad nos confiere a los consumidores de una URBRAND? La seguridad, en el entorno URBRAND, es algo tan sencillo y tan difícil a la vez como cumplir con lo prometido.

Cualquier URBRAND va siempre precedida de una generación de expectativas. Cuando nos venden algo, primero tienen que llamar nuestra atención. Después, durante el poco tiempo que decidamos dedicarles, nos tienen que informar sobre las bondades de ese producto o servicio. Más tarde o mejor dicho a la vez, deben buscar nuestro interés. Con ello, deben despertar nuestro deseo. Y por último, movernos a la acción, que en la gran mayoría de los casos se denomina compra.

En marketing esto puede hacerse de diversos modos, utilizando diferentes herramientas, desde el todopoderoso y fiable boca-oreja —al que los consumidores le otorgamos más del 90 por 100 de fiabilidad[3]—, hasta un anuncio de televisión —cada vez menos eficaz[4]—, una acción en plena calle o una simple promoción bien hecha. Pero se utilice la herramienta que se utilice, la venta pasa primero por la generación de una expectativa.

---

[2] *Las ciudades creativas. Por qué donde vives puede ser la decisión más importante de tu vida,* Richard Florida, Paidós, pág. 182.

[3] http://www.aepg.es/noticias.php?id=169

[4] http://www.puromarketing.com/45/16955/publicidad-televisiva-sigue-perdiendo-eficacia-relevancia.html

Y la seguridad, la confianza y la satisfacción a la hora de habitar una URBRAND serán otorgadas por sus consumidores en función de cuán lejos o cerca quede la experiencia de las expectativas generadas. Es también una de las fórmulas mágicas para calcular la calidad: experiencia menos expectativas.

> Se entiende por calidad el conjunto de propiedades y características de un producto que confieren su aptitud para satisfacer unas necesidades expresadas o implícitas.[5]

Si me vendes una película de miedo y me dices que me voy a morir de miedo, y luego cuando la voy a ver me muero, sí, pero de risa, simplemente, me sentiré defraudado. Ya no se trata sólo de cumplir, sino de exceder esas expectativas. Y sobre todo, de saber gestionarlas correctamente. Cuántas veces te habrán recomendado tanto una película que al ir a verla, te habrá decepcionado. Y al contrario.

Recuerdo que cuando empecé en publicidad, se utilizaban de manera masiva las famosas piezas *teaser,* es decir, anuncios que dejaban en suspense la marca que se anunciaba. Era una forma de generar misterio e interés en el espectador, durante unos días o incluso semanas, para que todo el mundo se preguntase de qué iría ese anuncio. En esa época podía acudir a cenas con amigos que nada tenían que ver con la publicidad, y hablar de ello en la sobremesa como quien habla de fútbol. Al cabo de unos días, la marca «resolvía» el spot, y por fin descubríamos de quién se trataba. Era una fórmula que se utilizaba mucho, básicamente porque el anunciante controlaba la información de todos los canales.

Paulatinamente, esa fórmula se ha ido utilizando cada vez menos. Y no es que ahora no se utilice, aún se ven *teasers* de

---

[5] *El vendedor universal. El código genético de la venta: la historia, la comunicación, la calidad y el conocimiento,* María de los Ángeles Rodríguez Castaño y Manuel Artal Castells, Pirámide, pág. 116.

tanto en tanto, lo que ocurre es que tardan muchísimo menos tiempo en resolverse. Y la razón hay que buscarla en el empoderamiento del espectador. Ahora, los clientes disponen de formas de reventar cualquier misterio, entre ellas el acceso a las redes sociales. Y son medios que ninguna marca, por poderosa que sea, puede controlar. Eso configura una gestión de las expectativas muchísimo más trepidante y difícil de administrar.

En diciembre de 2013, la cantante americana Beyoncé lanzó su último disco y lo hizo de golpe, sin promoción previa ni generación de expectativas, los catorce temas a la vez con sus videoclips, todo a la vez: se apuntó a una nueva forma de construcción de URBRANDS. La fórmula está siendo cada vez más utilizada por todo tipo de industrias: Netflix ya había lanzado en febrero de ese mismo año la temporada completa de su primera serie —y la más cara hasta la fecha—, *House of Cards.* Y lo mismo ha hecho en 2014 con la segunda temporada. Estrenarla toda a la vez, sin dejar que los espectadores filtren, especulen ni hinchen sus expectativas. Trabajar bien el producto para que funcionase el boca-oreja, y olvidarse de los *singles* o tráileres machacones que sólo hacen distorsionar la realidad. Por no hablar de la cada vez más difícil gestión de los *spoilers,* que no son otra cosa que *teasers* no deseados. Estamos, seguramente, ante una de las primeras grandes revoluciones del marketing de expectativas del siglo XXI.

> Definitivamente, el sector publicitario necesita un cambio, en aras de adaptarse a la nueva realidad y hábitos de comportamiento del público objetivo. La televisión ha sido el medio por excelencia durante mucho tiempo, pero la fórmula tradicional ya no funciona; por tanto, toca reinventarse o morir.[6]

---

[6] http://www.puromarketing.com/45/16955/publicidad-televisiva-sigue-perdiendo-eficacia-relevancia.html

De ahí que la gestión de expectativas sea cada vez más compleja, pero no por ello menos importante a la hora de construir una URBRAND poderosa. Recordemos una de las definiciones de marca que apuntábamos al principio: promesa consistente en el tiempo. La promete la marca, pero la cumplen sus productos o servicios. Con lo cual, si de manera consistente cumplimos las expectativas de nuestros clientes, nuestra URBRAND se convertirá en esa promesa, y será una zona cómoda y segura en la que habitar.

URBRANDÍZATE

¿Qué promete tu URBRAND? ¿Lo cumple después? ¿Cómo ajustamos la promesa a la experiencia: rebajando la primera o enriqueciendo la segunda?

15

Vivienda

¿Estás durmiendo?

Pêcs

Yo tenía veinte años y todavía la mitad de mi carrera universitaria por delante. Las cosas entre mis padres ya no andaban muy bien. Le había prometido a mi padre que acabaría los estudios, pero ya me había dado cuenta de que la Administración y Dirección de Empresas no estaba hecha para mí, ni yo para ella.

Un día, en el departamento de relaciones internacionales de la escuela, se conoció la noticia que cambiaría mi vida durante los siguientes tres meses: un grupo de alumnos de intercambio del Este venía de visita y se buscaban alumnos españoles que los quisieran acoger en su casa durante una semana.

Acoger a un estudiante del Este. ¿Y si en vez de un, me tocaba una? Hombre, no era la forma más ortodoxa ni recomendable para encontrar novia, rollete o similar, pero si a los

veinte años —es decir, más de una década después de mi primera erección autoinfligida— yo todavía seguía compuesto y sin ni siquiera una follamiga, igual había llegado el momento de tomar medidas desesperadas. Pedí permiso en casa, y como tenían distracciones digamos más fuertes, se me dio sin pensarlo demasiado.

Tiré de contactos para que me tocara una chica. Y efectivamente, no me tocó una chica. Me tocó Pêcs, una verdadera diosa. La típica rubia de ojos verdes con la carita de ángel que le hubiera gustado tener a Michelle Pfeiffer si hubiera hecho carrera en el cine de verdad. Pobrecica. No sabía dónde se metía.

Traté de ocultar mi excitación durante los primeros días, no fuera a espantarla sin querer. Pero al tercer día, como aquel, resucitó la bestia. E inexplicablemente, ella también quiso. Y se hizo la luz.

Tendrías que haberme visto ese día entrando en la universidad. Travolta a mi lado era un pardillo. Miraba con suficiencia hasta a los más macarras de la clase. Yo estaba con esa diosa, y ellos no. Yo me subía a sus labios, y ellos no los habían visto más que en películas. Yo era el Clark Gable de toda la facultad, un tipo feo hasta decir basta pero que se sentía sexy y exitoso. La leche, vamos.

Lamentablemente, la cosa duró poco, por no decir unas horas. Al día siguiente, en medio de la clase, un secretario de la universidad interrumpió para llamarme a recepción. Allí se encontraba un teléfono fijo descolgado sobre el mostrador. Y al otro lado, mi padre.

—Tienes que sacar a esta chica de casa —me dijo en tono muy serio.

—¿Por qué? —pregunté temiéndome lo mejor.

—Tu madre se la ha encontrado con otra chica en la cama.

Yo no sabía ni qué cara poner. Suerte que era a través del teléfono.

—Bueno, y qué más nos da su tendencia sexual.

Y ahí mi padre sentenció:

—Sí, claro, que haga lo que quiera pero en mi casa no... además, ¿no te la estabas follando tú?

* * *

Las ciudades están compuestas, en sentido estricto, por espacio público y espacio privado. Así, encontramos plazas, parques, calles y avenidas, pero también viviendas, oficinas, almacenes, garajes, etc. De cualquier modo, ningún edificio o construcción humana tendrá sentido si no es para que, precisamente, lo ocupen seres humanos. Y no habrá seres humanos allá donde no puedan vivir, desarrollarse y crear su propio hábitat. Tu ciudad es donde vives o donde quieres vivir, pero tu hogar lo estableces donde duermes o donde decides dormir. Por lo tanto, esas viviendas son el eje fundamental de toda URBRAND, y así se infiere de su definición:

> El Instituto Nacional de Estadística ha establecido una definición a los efectos propios que tiene interés en sí y el valor añadido de su carácter oficial: todo recinto estructuralmente separado e independiente que, por la forma en que fue construido, reconstruido, transformado o adaptado, está concebido para ser habitado por personas y no está totalmente destinado a otros fines o, si no fuese así, está realmente habitado.[1]

Para la gente que se quiere quedar a vivir no basta con ofrecerles un techo bajo el que cobijarse: hay que ofrecerle un lugar dentro de la URBRAND que puedan sentir suyo, que puedan

---

[1] *Diccionario de urbanismo. Geografía urbana y ordenación del territorio,* VV. AA., Cátedra, pág. 393.

decorar, y al que puedan volver cuando quieran para interactuar y relacionarse con el resto de consumidores.

Una vivienda se define y se delimita por los metros cuadrados que ocupa, resultado de multiplicar ancho por largo en la misma unidad de medida. Asimismo, nuestro lugar en el mundo de las marcas, nuestro sentido dentro de cualquier URBRAND, se obtiene de multiplicar visión y misión en la vida.

Toda marca, pero también todo individuo, tiene una visión y una misión en la vida. O mejor dicho, puede tenerlas. Si careces de ellas, en marketing no eres más que un sin techo, un *homeless* reputacional.

> Las personas tenemos dos recursos escasos: el tiempo y la capacidad de atención. Visión y misión nos indican a qué debemos dedicarlos. Nos guían en dos sentidos:
>
> - Nuestra visión define y es definida por nuestros valores, entendidos como categorías subjetivas que estructuran nuestra visión del mundo y priorizan nuestras decisiones. La visión nos proporciona dirección.
> - [...] La misión desempeña un papel crucial para saber qué metas nos proponemos lograr, a qué empeños queremos dedicar nuestro tiempo y nuestra atención finita.[2]

La misión es lo que quieres para ti. La visión, lo que quieres para los demás. Recuerda la causa que vimos en «Orientación». Porque una URBRAND poderosa no es sólo su propia causa, es también aquella que está alineada con tu misión y visión en la vida como consumidor, y por lo tanto que te permite desarrollarte en ambas variables. Un beneficio para ti y los tuyos, pero también un beneficio para aquellos a los que no conoces, una

---

[2] *Y tú, ¿qué marca eres? 14 claves para gestionar tu reputación personal,* Neus Arqués, Alienta, pág. 28.

manera de estar en el mundo, una dirección y un sentido, en definitiva, la sensación de que comprando esa URBRAND estás ayudando de alguna manera a que exista un mundo mejor. Así, la Vivienda de un individuo sería una especia de versión micro de la Orientación de toda la URBRAND.

Sin embargo, eso no es todo. Queremos URBRANDS que nos permitan realizarnos, que nos pongan sus recursos al servicio de nuestros sueños y anhelos. Pero nuestros sueños y anhelos no siempre se sentirán saciados con la mera compra de un producto. El consumidor entiende cada vez más la transacción económica como el billete de acceso a una manera de entender el mundo, como el principio de una acción cuasi política, el comienzo de una relación vendedor-comprador, no como el final de una simple campaña publicitaria. Incluso los productos más perecederos llevan adscrito cada vez más algún tipo de servicio, aunque sólo sea el de posventa, y, por tanto, la idea de relación en el tiempo. Si desaparece el sueño tras la compra, si de golpe se esfuma la relación y el vendedor sale corriendo en cuanto toca el dinero, el consumidor se sentirá estafado, engañado, utilizado, y es muy probable que no le vuelva a comprar.

Por eso, si queremos ser aún más eficaces en nuestras ventas, además de ancho y largo, la vivienda donde habite nuestro consumidor también quedará delimitada por su tercer eje en el espacio, la altura, con la que calcular los metros cúbicos. Los techos altos pueden permitir desde una sensación de mayor libertad hasta la creación de un piso intermedio, multiplicando así las posibilidades de la vivienda.

Y la altura de una URBRAND no es más que el horizonte temporal en el que se plantea su relación con sus clientes. Si se lo plantea para una transacción y punto, estaremos hablando de una relación a cortísimo plazo, y por tanto, de una vivienda casi en 2D, muy incómoda de habitar. En cambio, si nos planteamos una relación con nuestros clientes para toda la vida, por muy

pequeña que sea la estancia, siempre la podremos reformar y ampliar, sus posibilidades serán infinitas. E incluso, con el tiempo, podremos llegar a convertir cada vivienda en edificio en multipropiedad.

> Tiene algo de herejía en nuestra civilización de lo inmediato reivindicar el largo plazo. Somos muy conscientes. Seguramente nos aleja de la gestión *downjonesiana* de la empresa moderna. Pero [...] creemos que construir consistencia redunda en una mayor rentabilidad. Las marcas que son capaces de mantener un rumbo coherente en el tiempo poseen una mayor resistencia a las fluctuaciones de los precios, aguantan mejor las embestidas de competencia y crisis, y son capaces de cobrar mejor, porque transmiten más valor y son más creíbles.[3]

Por eso, cuando se planifica una URBRAND, recomiendo lo que llamo la Teoría del Cuarto Oscuro: dar, dar y dar con la esperanza de recibir algún día. Es la única manera que conozco para que una URBRAND pueda convencernos de que no es de toma el dinero y corre. Demostrando su generosidad por adelantado. Si una URBRAND es generosa con sus clientes, algún día, estos puede que lo sean con ella y decidan quedarse a vivir, convirtiéndose así en orgullosos ciudadanos de esa urbe comercial.

Es lo que pensó la agencia de publicidad Grey London para su cliente Ryman, una cadena de tiendas de ofimática que, conscientes de la importancia de cuidar el planeta, se dieron cuenta de que tenían que hacer algo para reducir los más de mil quinientos millones de cartuchos anuales que se consumen en el mundo. Aunque eso fuese en contra de sus propias ventas e intereses, precisamente, porque irían a favor del planeta. Y así

---

[3] *Desde el otro lado del escaparate,* Toni Segarra, Espasa, pág. 173.

fue como crearon Ryman Eco, una tipografía elegante, legible y gratuita que ante todo y sobre todo, ahorra el 33 por 100 de tinta a cualquier impresora, lo cual revierte positivamente en un menor consumo de tinta, plástico y seis millones y medio de toneladas menos de emisiones de CO_2. Toda una campaña de publicidad que no dudaron en utilizar y distribuir por las redes sociales[4].

Actuar de este modo jamás será garantía de éxito, pero lo que te puedo asegurar es que hacer lo contrario sí garantiza el fracaso.

Urbrandízate

¿Qué tipo de vivienda ofreces a tus ciudadanos? ¿Buscas el largo o el corto plazo en tus relaciones con ellos? ¿Cuál es la misión de tu URBRAND? ¿Y su visión? ¿Cómo estás aplicando la Teoría del Cuarto Oscuro?

[4] https://www.youtube.com/watch?v=C4XcdpXtkmQ

16

Lengua

Con o sin

Beijing

Beijing y yo estrenamos todos los mimos y apelativos cariñosos al alcance de una pareja al límite de sonar cursi. Inventamos palabras nuevas, construimos bromas que sólo nosotros encontramos graciosas, decidimos recordar anécdotas que disparaban la carcajada a partir de sólo una expresión. Todo con tal de construir nuestro propio lenguaje. Todo con tal de decirnos cada vez más cosas con menos palabras.

El caso es que llegó un momento en el que nadie más nos entendía. Fue un momento mágico en el que podíamos mantener una conversación sin ser comprendidos. El lenguaje, símbolo y razón de ser de la comunicación, se había convertido en una barrera para todo el que no formase parte de una relación de

dos. Y ese fue el principio del fin. Cuando un idioma se queda sin nuevos hablantes, en el día, empieza a morir. Lo que nosotros veíamos como complicidad, se acabó convirtiendo en envasado al vacío.

Pero es que encima, nos faltó lo primero que se suele aprender en cualquier idioma. Las palabras sucias, las palabrotas, las que sólo se pronuncian en una riña de barrio o entre las sábanas.

Y al final estoy convencido de que morimos de tanta pureza y esterilización.

* * *

La fama es un efluvio;
la popularidad, un accidente;
las riquezas, efímeras.
Sólo una cosa perdura: el carácter.

Horace Greeley

Las mejores URBRANDS son las capaces de crear su propio lenguaje, implementarlo, expandirlo y defenderlo frente al ataque de otras URBRANDS. Este aspecto es crucial, pues una lengua no es sólo el vehículo por el que transmitimos ideas, pensamientos y sentimientos, sino también es el depósito de la cultura y tradición de cualquier grupo de seres humanos.

Por eso, crear un lenguaje propio es requisito indispensable para construir una URBRAND poderosa. Como lo expresó en cierta ocasión el guionista y productor de Hollywood Michael Sardo:

—Una gran marca es como un buen personaje de cualquier serie de ficción: en cuanto escuches una frase, tienes que ser capaz de discernir si ese personaje diría eso de esa manera o si por el contrario, es una frase que él jamás lo diría de ese modo. Tiene su propia forma de expresarse, y es suya y de nadie más.

Así lo corrobora Marçal Moliné, uno de los publicistas españoles más grandes de todos los tiempos:

> La marca, esa amiga para la gente, ha de ser la misma siempre, hable de lo que hable. Como las personas. Tomás es Tomás, lo mismo cuando te habla de su trabajo y de lo que sabe hacer, que cuando te propone un buen negocio o te explica sus aficiones, su pasado o sus proyectos de futuro.[1]

Una vez hayamos creado nuestro propio lenguaje, nuestra propia manera de hablar, nadie más nos quitará el sitio. Es lo que el genio de Toni Segarra califica como «estilo» cuando habla de la manera de hacer publicidad de ciertas agencias:

> Sí, las agencias tenemos estilo. En teoría eso no es bueno, pero en la práctica tener estilo ha resultado muy rentable. Supongo que al final no dejamos de ser marcas a la busca de un comprador: el anunciante.[2]

En la industria musical, este factor es donde más fácilmente se puede constatar. Existen artistas cuya voz es tan inconfundible que aunque jamás hayas escuchado un tema determinado, en cuanto los oyes cantar, sabes que son ellos. Janis Joplin, Lou Reed, Sam Cooke, Sting, Bob Dylan, Tom Waits, Bob Marley, etc. La lista podría continuar, y curiosamente se trataría, en casi todos los casos, de artistas legendarios:

> Existe gran cantidad de artistas con voces inconfundibles y suele ser el factor determinante en el éxito de un grupo. De hecho hay muchos grupos excelentes y con grandes canciones

---

[1] *La fuerza de la publicidad. Saber hacer buena publicidad. Saber administrar su fuerza,* Marçal Moliné, McGraw Hill, pág. 90.

[2] *Desde el otro lado del escaparate,* Toni Segarra, Espasa, pág. 91.

> pero les falta una voz peculiar y eso es un punto negativo para subir peldaños y llegar al estrellato.[3]

En el momento en el que tienes lenguaje, tienes cultura. Y cuando tienes cultura, tienes identidad. Tener tu propia voz, tu propio tono, tu propio idioma, tu propio estilo, tu manera de decir las cosas y de cantarle al mundo, te diferenciará, te hará único, te volverá distinto y por tanto reseñable, destacable, y digno de alguna mención, que es mucho más de lo que podrán decir la inmensa mayoría de tus competidores.

> ¿Tienes una forma especial de hacer o decir las cosas? Igual que tienes un tono de voz, cuando te comuniques en tu plataforma [URBRAND] debes ser reconocible. Cada tuit, cada comentario, cada post o cada actualización de tu perfil deben transmitir tu personalidad. No sólo son las palabras, también es el modo de expresarlas.
>
> Hay algunos con un tono más agresivo y otros más inspirador y otros más cascarrabias [como yo]. Puede que no sean conscientes de ello. Pero asociamos a las personas con un estilo que vinculamos a algunos atributos. Debes decidir cuáles son los tuyos y si tu estilo es coherente con ellos.[4]

¿Y cuál es el signo máximo de la excelencia en el terreno idiomático? ¿En qué momento una URBRAND ha alcanzado su grado máximo en términos de autoridad en el lenguaje? El síntoma definitivo de éxito para una URBRAND consiste en CONVERTIRSE en lenguaje, es decir, en vocablo de uso genérico. Si la gente dice «googlear», eso es porque Google se ha convertido en una marca referente del sector. Lo mismo ocurrió en su

---

[3] http://www.espacioluke.com/2005/Julio2005/guti.html

[4] *Te van a oír. Construye tu plataforma personal para darte a conocer,* Andrés Pérez Ortega, Alienta, pág. 65.

momento con los «Kleenex», las «Bambas», una «Gillette» o los «Yo-yo». Convertir tu URBRAND en palabra que todo el mundo usa para referirse a la categoría de producto es lo mejor que te puede ocurrir, y también lo más difícil. De hecho, puede ser que en algún momento dé la vuelta y se convierta incluso en algo perjudicial para tu marca, con lo que acabes intentando que no se propague, como le ha ocurrido hace poco precisamente a Google[5].

Urbrandízate

¿Qué expresiones son tuyas y de nadie más? ¿Tienes un tono de voz? ¿Si alguien lee algo escrito por ti, la gente sabría que es tuyo? ¿Qué estilo es el que es intrínsecamente tuyo? Y si no hay ninguno, ¿cuál podrías copiar y adaptar a tu forma de ser sin ningún esfuerzo?

[5] http://news.bbc.co.uk/2/hi/uk_news/3006486.stm

17

Ristópolis: expansión

Los que renuncian son siempre
más numerosos que los que fracasan.

Henry Ford

«Si no tienes un blog, eres un *homeless* digital». La frase la acuñó mi admirado Alfonso Alcántara (@Yoriento) en un *tête-à-tête* que tuvimos en Tenerife el 7 de marzo de 2013 [1], y a mí me hizo estallar la cabeza. Yo, que estaba tan feliz de haber superado recientemente el millón de seguidores en Twitter, resulta que tenía el grifo abierto pero no había puesto el tapón de bañera, con lo que todo lo que metía en términos de inversión de marca se me estaba escapando por el desagüe.

Suerte que muy poco antes había iniciado la expansión de mi URBRAND a otros territorios, de tal manera que había

[1] https://www.youtube.com/watch?v=e9V35Eoy_Hs

empezado a crecer la población que habitaba en Ristópolis. Suerte que muy poco después tampoco iba a quedarme de brazos cruzados.

Trabajar es el único antídoto que conozco contra el fracaso. Trabajar, trabajar y trabajar. Y cuando uno fracasa, que si lo haces bien fracasarás, lo único es seguir trabajando. Es lo que he aprendido desde pequeñito en casa, y es lo único que sé hacer: levantarme y trabajar. Respeto y admiro a todos los currantes, porque si no les ha funcionado hasta ahora, tarde o temprano les funcionará. Y luego el trabajo es la única actitud ante el fracaso. Por supuesto que he fracasado y mucho en televisión y fuera de ella. Pero también puedo decir que trabajo mucho. Mucho. Mucho. Donde me dejan y donde ni siquiera me esperaban. Vamos, que no paro. Ni quiero parar. Trabajar es la forma de decirle a tus fracasos que por mucho que te persigan, tú eres más rápido. Y cuando uno encima trabaja en lo que le apasiona, deja automáticamente de llamarlo trabajar. Y lo llama disfrutar.

En el ecosistema de una URBRAND, es necesario construir diferentes contenidos para diferentes audiencias, según la plataforma y la extensión y el público del que se trate. Por eso, mis trece promociones urbanísticas de expansión y consolidación de mi marca personal entre 2011 y 2014 se pueden resumir así:

1. Artículos en *El Periódico*

Lo mejor que sé hacer, si es que sé hacer algo, es escribir. Ya escribía mucho antes de salir por la tele, y lo pienso seguir haciendo cuando ya no esté. Sí, es una amenaza. El caso es que en noviembre de 2012 llamé a Iosu de la Torre y a Enric Hernández, subdirector y director de *El Periódico de Catalunya,* y les propuse publicar un artículo de opinión todos los domingos. Ellos no sólo accedieron sino que se ocuparon de que fuesen

bien cuidados y promocionados tanto interna como externamente. Jamás les estaré lo suficientemente agradecido, pues la iniciativa me ha granjeado varios premios[2], muchísimas críticas favorables[3] y, sobre todo, nuevos ciudadanos que no me consumían en televisión, que ahora me siguen sólo para leer lo que escribo. Los ciudadanos que habitan esta parte de mi URBRAND son ciudadanos que buscan mis reflexiones sobre la vida en general.

2. Una web

A raíz de eso y de mi conversación con @Yoriento, abrí en ristomejide.com una web/blog donde se pudiesen seguir tanto mis artículos, como mis conferencias, como el acceso a comprar los libros que publicase, etc. Un lugar que hiciese de tarjeta de presentación, mostrando el contenido en el orden e importancia que yo quiero que aparezca, una especie de cuenta corriente en la que ir almacenando todo lo bueno que me ocurra, para algún día enseñárselo a un cliente potencial. Los ciudadanos que habitan esta zona de mi URBRAND son ciudadanos que buscan o bien ponerse al día, o bien informarse sobre futuros eventos en los que participe.

3. Un libro

Annoyomics, el arte de molestar para ganar dinero, el primer libro escrito en el mundo sobre marketing de la molestia, publi-

---

[2] http://ristomejide.com/2013/05/17/los-goliads-premian-a-ogilvymather-risto-mejide-manel-fuentes-mercedes-mila-e-inaki-gabilondo-en-la-vanguardia/

[3] http://ristomejide.com/2013/05/22/el-articulo-de-risto-mejide-vuelve-a-triunfar-en-las-el-periodico/

cado en noviembre de 2012, en sólo dos semanas se colocó en el número uno en las listas de los más vendidos de no ficción del país y fue uno de los libros de empresa más vendidos de 2013. Pero lo más importante es que por primera vez hablaba de mi URBRAND y me daba una excusa para mi siguiente punto. Los ciudadanos que habitan esta parte de mi URBRAND son ciudadanos que buscan conocer el método que me ha funcionado a mí.

4. Una conferencia

A partir del libro, me empezaron a llamar de muchos congresos y ferias para dar conferencias sobre el marketing de la molestia. Resumí el libro en una conferencia que fuese estimulante, divertida y entretenida pero divulgativa y formativa a la vez, y me hinché a dar charlas sobre el tema en 2013, mi mejor año en cuanto a número de «bolos» y calidad de los foros a los que fui invitado, con el consiguiente efecto positivo sobre mi URBRAND. Los ciudadanos que habitan esta parte de mi URBRAND son ciudadanos que quieren tener acceso directo a la persona que hay detrás del personaje, y así poder confirmar o desmentir lo que ya pensaban sobre mí.

5. Un programa de televisión

De mi paso por *Tú sí que vales*[4] saco muchísimas cosas positivas, pero quizá si las tuviese que resumir en una diría que fue donde aprendí a escuchar. Escuchar en un plató de televisión es

---

[4] Programa de televisión en el que tuve el honor de participar entre octubre de 2011 y mayo de 2013: http://es.wikipedia.org/w/index.php?title=Tú_s%C3%AD_que_vales&oldid=76368330

muchísimo más difícil de lo que ya lo es en la vida real, que ya es decir. En cuanto alguien te planta una cámara delante, estar pendiente de lo que dice el otro mientras piensas lo que le vas a contestar, es una habilidad que yo siempre había admirado de cualquier profesional que la tuviera y que lamentablemente no abunda en televisión. Pero si hasta a algunos actores les cuesta dar la réplica con la cara mientras otros hablan. En *Tú sí que vales,* con la excusa de una actuación artística, contábamos historias de gente corriente que tiene un sueño. Por primera vez pude mostrarme más irónico que cáustico, pude reírme en un plató, pude ser cariñoso y respetuoso con niños y mayores y, por lo tanto, pude mostrar mi lado más personal. Fue un lujo hacer todo eso con un equipo como el que formábamos con Merche, Corbacho, Christian, Amparo, Tinet, etc., y encima poder hacerlo en un programa familiar que concentró ante la televisión alrededor de dos millones de personas todos los domingos durante siete ediciones. Los ciudadanos que habitan esta área de mi URBRAND son ciudadanos que simplemente buscan entretenerse.

6. Otro libro

El 19 de mayo de 2013 publiqué un artículo que tuvo un éxito inesperado, hasta tal punto que me dio la sensación de que había dado la vuelta al mundo, pues de repente mi buzón de correo se llenó de gente desde Latinoamérica hasta Asia felicitándome o criticándome por su contenido. El título era *No busques trabajo,* y narraba el punto de vista de un ciudadano cualquiera sobre la nefasta situación del empleo en España, y un par de claves de qué buscar en su lugar. La aceptación en redes sociales fue tal, que llamé a mi editor y le propuse ampliar el artículo con más claves y convertirlo en un libro homónimo, que salió publicado en noviembre de 2013 y consiguió durante

varias semanas figurar entre los libros de no ficción más vendidos del país. Otra excusa más para acercarse a mi URBRAND. Los ciudadanos que habitan esta parte de mi URBRAND son ciudadanos que buscan oportunidades laborales o un empujón a su carrera profesional más allá de las que vislumbran a su alrededor.

7. Una aceleradora de *start-ups*

Conocí a Carlos Blanco en la presentación de un libro. Su estilo directo, su indiscutible inteligencia y su profundo conocimiento de las *start-ups* me llamaron enseguida la atención, y quedamos un día para hacer un café. Ahí le expliqué las inversiones aleatorias que había realizado hasta la fecha en *start-ups* y mi necesidad de ordenar y aplicar metodología a las empresas en las que decidía invertir. Y de ahí nació la idea de Conector, una aceleradora de *start-ups* salida de la mente calenturienta de Carlos y en la que hemos liado a gente tan interesante como Marc Vidal, Miguel Vicente o mi socio, Marc Ros. Una manera de vincular mi compromiso con la generación de empleo a las nuevas generaciones de empresarios y a las buenas ideas, sin duda uno de los barrios más interesantes de mi URBRAND. Los ciudadanos que habitan esta zona son ciudadanos que buscan compartir experiencias relativas al emprendedor —un tipo con una idea y mucha ilusión— y al empresario —un tipo que factura con una idea y mucha ilusión.

8. Una agencia de publicidad

Hablando de Marc Ros, nuestra nave nodriza, aquella por la que de hecho debería haber empezado este relato y sin duda

la gallina con los huevos más grandes, es nuestra agencia de comunicación y contenidos, AFTERSHARE.TV, que cuando hacemos publicidad para el Grupo Atresmedia ganamos dos soles en el Festival Iberoamericano de Comunicación Publicitaria de El Sol, y cuando hacemos contenidos organizamos junto a Arena Media, las tres ediciones del Festival Branducers, marcas que coproducen contenidos. Una agencia que ha dado empleo a más de cien personas en sus siete años de vida y a la que aún le queda mucha guerra que dar. Y si no, al tiempo. Los ciudadanos que habitan esta parte de mi URBRAND son ciudadanos que están interesados en los contenidos de marca y en su relación con la publicidad y la comunicación.

9. Una productora de tele

A todo esto, el Grupo Mediaset ha sido mi casa mediática desde que empecé. Y su consejero delegado, y ahora amigo mío, Paolo Vasile, me ofreció en un momento dado fundar una productora juntos con el propósito de hacer Branded Content, una de mis obsesiones profesionales en los últimos diez años. Y así lo hicimos, creando 60dB, una productora de televisión que ha puesto en el aire desde un concurso genérico para las tardes de cuatro llamado *Money Time* hasta contenidos vinculados a marcas como *Bebé a Bordo* para el Grupo Pascual o *Ve A Por Tus Sueños* con el jugador del Barça José Manuel Pinto. Otra oportunidad para expandir mi URBRAND a la vez que aprendía la complejidad del entorno de producción televisiva. Una experiencia que me ha hecho rico en cualquier cosa, menos en dinero. Los ciudadanos que habitan esta área de mi URBRAND son ciudadanos a los que les interesa la industria de la tele.

10. Unos eventos

Cuando uno gana notoriedad, automáticamente es invitado a todo tipo de eventos, de muy diversa índole y sin criterio alguno. Hay eventos en los que te ofrecen un premio a condición de que vayas. Después hay eventos en los que te ofrecen muchísimo dinero simplemente por ir y aparecer. Y luego hay otros en los que ni te dan un premio ni te dan dinero, pero te otorgan un prestigio incapaz de ser comprado. Como habrás adivinado, éste es el tipo de eventos a los que prefiero ir. Como cuando fui invitado por Juan Roig, presidente de Mercadona, a formar parte del jurado del premio al Emprendedor Jaime I en Valencia[5]. Todo un honor que valió la pena sólo por la polémica que suscitó mi presencia en el tribunal[6]. Los ciudadanos que habitan esta zona de mi URBRAND son ciudadanos que simplemente siguen mis pasos profesionales.

11. Otro programa de televisión

Cuando ya no esperaba volver a la tele, un día, Óscar Cornejo, amigo y socio fundador de la productora La Fábrica de la Tele, me hizo una oferta que no pude rechazar. Según él, lo más interesante de mí aún no se había visto en televisión. Y —repito— según él, eso tan interesante era mi conversación. Así que me propuso grabar y presentar un programa de entrevistas/conversaciones con diversos personajes de la política, el deporte, la cultura, etc., que se llamó *Viajando con Chester*[7] y

---

[5] http://ristomejide.com/2013/06/15/risto-mejide-de-jurado-en-los-jaime-i-a-conferenciante-en-edem-abc/

[6] http://www.elmundo.es/elmundo/2013/06/04/valencia/1370330752.html

[7] http://www.cuatro.com/viajandoconchester/

que en el momento en el que escribo esto ha recibido el premio Zapping Award al Programa Revelación de 2014. Pero sea como sea, ha sido de nuevo una forma de mostrar otra faceta más de mi URBRAND que me ha granjeado no pocas alegrías. Gracias a *Viajando con Chester* he podido pasar de la negación reiterativa a la interrogación, mucho más abierta, rica y punzante, sin perder ni un ápice de mi forma de ser, más bien siendo muchísimo más yo que nunca. Los ciudadanos que habitan esta parte de mi URBRAND son ciudadanos que quieren descubrir a personajes interesantes teniendo una charla sin guion.

12. Una cuenta de Twitter

Tras más de tres años suministrando más de 13.000 tuits, ahora ya puedo calificarla como canal de comunicación con entidad propia, pues tiene su propia vida mediática y también me ha dado alguna que otra alegría, como convertirme en una de los cinco televisivos más seguidos del país[8], o recibir el I premio Vertele Qvemos[9] al rostro más mediático con más éxito en televisión y seguimiento en las redes sociales en 2013. Los ciudadanos que habitan esta zona de mi URBRAND son ciudadanos que buscan ver hasta dónde me da el ingenio. A veces, se ven recompensados. Y demasiado a menudo, decepcionados. Pero a todos los tuiteros les devuelvo siempre el dinero que han pagado.

---

[8] http://ristomejide.com/2013/06/17/risto-mejide-en-el-top-5-de-televisivos-mas-seguidos-en-twitter-vertele/

[9] http://ristomejide.com/2013/09/06/risto-mejide-recibe-el-i-premio-vertele-qvemos-al-rostro-mas-mediatico-con-mas-exito-en-tv-y-seguimiento-en-las-redes-sociales/

13. Acción Social

Cuando uno tiene el foco de la fama, lo puede desviar hacia las causas que creen que valen la pena. Desde calendarios solidarios hasta galas para recaudar fondos, o la posibilidad de subastar los sofás de *Viajando con Chester* por la buena causa que elija cada invitado. Toda una oportunidad de generar externalidades positivas, y que, pase lo que pase conmigo, al final los que más lo necesitan acaben ganando algo. O perdiendo menos.

En definitiva, trece iniciativas que me han ayudado a complementar y a segmentar diversos tipos de poblaciones, a la vez que me han permitido desarrollarme como persona y como profesional de la comunicación, ganar en independencia y libertad económica y nutrir varias plataformas de diferentes tipos de contenidos.

Ristópolis tendrá barrios más o menos lucrativos, los habrá que desaparecerán y serán sustituidos por otros, pero lo que tengo muy claro es que mientras haya vida y ganas de hacer cosas, habrá marca personal que suministrar.

Tercera parte
HACER

Los hechos son las nuevas palabras.

18

Distritos y barrios

Eso no me lo dices en la calle

México DF

Hay ciudades que parecen diseñadas por un poeta. Otras, por un ingeniero del Opus Dei. Y otras, por un borracho recién divorciado. Pero cuando se juntan las tres hipótesis en un mismo emplazamiento, surgen cosas hermosas.

Como ocurre con México DF. «Este es un lugar donde la gente vive en Corazón y en Alma. Aquí se vive en Bosque de Luz, Espejo de Agua, Bosque de Milagros, Jardín de Memorias, Árbol de Fuego, Bosque de Secretos, Mar de Sueños. Los nombres surrealistas de las calles pueden reflejar fuertes realidades. Trabajo es larga. Amor y Felicidad son cortas. Buena Suerte cruza con Esperanza, que es una calle cerrada. Las bocacalles se vuelven trabajos imaginativos. El Río Volga corre dentro del

Nilo, Beethoven se encuentra con Bach, el Himalaya cruza los Alpes.

»Y Comprensión termina en Silencio.

»[...] Hay 21 calles llamadas Paz, pero 18 llamadas Alta Tensión (por los servicios públicos, no por la miseria privada). Las calles Democracia, Justicia y Derechos Humanos están en un barrio bravo. El Canal de Panamá recorre escasamente cien metros, pero la Avenida de los Cien Metros recorre casi una milla.

«Hay una calle Tratado de Libre Comercio en una colonia llamada Plenitud. La calle Oscuridad cruza esperanzada la Avenida Mañana»[1].

Y cuando uno lee esto, descubre lugares en los que la ironía está a pie de calle.

* * *

> Los barrios o distritos son las zonas urbanas relativamente grandes en las que el observador puede ingresar con el pensamiento y que tienen cierto carácter en común.[2]

En marketing, la segmentación consiste en «dividir o segmentar un mercado en grupos uniformes más pequeños que tengan características y necesidades semejantes que puedan influir en su comportamiento de compra»[3]. Segmentando logramos conocer e identificar aquellos grupos de consumidores —*target*— que son más interesantes para nuestro producto o servicio.

---

[1] *ABCDF. Diccionario gráfico de la Ciudad de México,* Diamantina, pág. 192.

[2] *La imagen de la ciudad,* Kevin Lynch, Gustavo Gili, pág. 84.

[3] http://es.wikipedia.org/wiki/Segmentación_de_mercado

En urbanismo, la segmentación territorial recibe varios nombres según su área de influencia: barrio, distrito o localidad.

Es curioso —aunque nada casual— que el primer concepto de suburbio fuese vinculado a nuestros muertos:

> A decir verdad, en un sentido la ciudad de los muertos es la precursora, y casi el núcleo, de toda ciudad viva. [...] Lo primero que saludaba al viajero que se acercaba a una ciudad griega o romana era la hilera de sepulturas y tumbas que bordeaba el camino a la ciudad. En cuanto a Egipto, la mayor parte de lo que queda de esa gran civilización, con su jubilosa saturación de toda expresión de vida orgánica, son sus templos y tumbas. Hasta la congestionada ciudad moderna, el primer éxodo general a una morada más deseable consistió en la migración al Elíseo romántico de un cementerio suburbano.[4]

También en este país, cuando te van a presentar a alguien, es muy probable que te lleguen antes las malas lenguas que las buenas. Es probable que conozcas antes a todos sus muertos que a sus vivos. Es muy probable que te encuentres con más gente que habla mal de alguien que gente que habla bien. O dicho de otro modo, es probable que para que te hablen bien, debas acercarte mucho al centro de su URBRAND.

Ya en la edad moderna, es justamente el crecimiento desmesurado e incontrolado el que lleva a una ciudad necesariamente a su primera segmentación. De hecho, se podría decir que la primera segmentación de toda ciudad suele ser tan involuntaria como forzosa. Cuando creces por encima de tus posibilidades, eres incapaz de absorberlo de manera racional y se genera lo que Chueca Goitia denomina «transformación incongruente»:

---

[4] *La ciudad en la historia. Sus orígenes, transformaciones y perspectivas,* Lewis Mumford, Pepitas de Calabaza, pág. 15.

> Lo que es el verdadero signo de nuestro tiempo es ese formidable crecimiento de los grandes centros urbanos, antes desusado porque el avance demográfico general era mucho más lento y porque ese plus demográfico no lo absorbían desproporcionadamente las grandes ciudades. Hoy éstas crecen por sí mismas (crecimiento vegetativo) y por absorción de la población rural. El resultado es que todas las grandes ciudades han entrado en lo que llamaría una fase de «transformación incongruente» [que] comienza porque en la ciudad se va acumulando una población constante de emigrantes que azarosamente se distribuye en las franjas más miserables y abandonadas, invadiendo propiedades ajenas o zonas de inadecuadas condiciones urbanas. Esto dio lugar a las llamadas *bidonville* de las ciudades francesas o argelinas, a las chabolas, chabolismo español, a las famosas *favelas* brasileñas, a los *ranchos* venezolanos, etc.[5]

Así nace el concepto de periferia, en contraposición directa al concepto de centro histórico. ¿Y cómo se identifica cada uno de ellos en nuestra URBRAND?

Hoy, por definición, la URBRAND crece siempre hacia la periferia. Nuestra periferia es nuestro futuro. Son las nuevas generaciones. Las nuevas realidades sociales. Y los nuevos retos a afrontar. Casi todas las nuevas tendencias de hecho a menudo saldrán de ahí. Por eso, la periferia estará siempre en continuo cambio, ebullición y redefinición. Es el efecto de los barrios *cool* de Nueva York. Lo que fuera hace tiempo el East Village, que después fue Williamsbourg y ahora es el Meatpacking District y mañana vete a saber lo que será. Barrios ocupados por artistas y bohemios que son desplazados y se ven obligados a mudarse en cuanto los alquileres suben precisamente porque ellos los han

---

[5] *Breve historia del urbanismo,* Fernando Chueca Goitia, Alianza, pág. 224.

puesto de moda. Ahí están URBRANDS como Zara o IBM, consultando a *coolhunters* a nivel global para identificar qué se lleva o qué se utiliza en estos barrios periféricos para diseñar las próximas colecciones:

> Un *coolhunter* es un profesional caracterizado por un olfato y una intuición formidables para adivinar tendencias, modas y novedades con futuro. Trabaja a pie de calle y también en los departamentos de creatividad de empresas como Zara o IBM. Si está a sueldo, puede llegar a cobrar 4.000 euros al mes. Si es *free-lance,* no baja de los 600 euros por una hora de consejos. En Europa hay empresas de *coolhunters* como Nelly Rodi, con agencias en 18 países, o Synovate, presente en 46 naciones. Las herramientas de trabajo del buscador de lo guay son tan sencillas como un bolígrafo, una libreta y una cámara de fotos. Con el propósito de detectar lo que llama la atención, lo último, lo superfashion, salimos a las calles de Cáceres convertidos en *coolhunters* de ocasión. Los mercadillos son pateados continuamente por los *coolhunters:* Candem Town, Porte de Clignancourt, Portobello...[6]

La periferia son los recién llegados. Tus nuevos consumidores. Aquellos que acaban de conocerte e igual están sólo de paso. Los que piden una muestra, sólo para probar. Los que se amarran al descuento. Los más infieles, vale. Pero también son tu futuro, aquellos que algún día puede que echen raíces y se queden a vivir en tu URBRAND. Por eso hay que escucharles, hay que estar atentos a sus peticiones y reivindicaciones, porque algún día ellos serán mayoría.

¿Y dónde hay que buscar nuestro centro histórico? En nuestro pasado. En lo que ya tenemos, en lo que ya hemos vivi-

---

[6] http://www.hoy.es/pg060320/prensa/noticias/Contraportada/200603/20/HOY-ULT-138.html

do. En el origen de nuestra URBRAND. Es lo que los ingleses llaman el *heritage* de una marca. Porque todos tenemos una historia. Un relato. Un de dónde venimos. En la medida que seamos capaces de ponerlo delante de nuestros potenciales clientes, estaremos desvelándoles nuestro centro histórico. Es lo que en marketing se denomina *storytelling.* Convertir tu historia en una historia que merezca ser contada. Reescribirte para ganar en potencial de captación:

> Los usos instrumentales del relato con fines de gestión o de control conducen así a denunciar el contrato (que permite discernir la realidad de la ficción y suspender la incredulidad del lector durante un relato [ver *Willing Suspension of Disbelief* en Educación]) al imponer a «lectores» transformados en cobayas lo que el management llama experiencias trazadas, es decir, conductas sometidas a protocolos de experimentación.[7]

Ojo, no se trata de mentir, sino de reformar los edificios que constituyan tu barrio histórico, de arreglar alguna fachada, de procurar que las calles estén limpias y seguras para que paseen los turistas y los que vivan en él. De que sea agradable pasearlo, descubrirlo e incluso hacerte unas fotos. En la medida que tú estés orgulloso de tu centro histórico, conseguirás que tus ciudadanos lo estén de ti.

Tus clientes de toda la vida son los que no has de perder jamás. Primero porque sale mucho más caro captar un cliente nuevo que retener uno que ya tenías fidelizado. Concretamente, un nuevo cliente cuesta seis veces más que retener el que ya

[7] *Storytelling. La máquina de fabricar historias y formatear las mentes,* Christian Salmon, Península, pág. 35.

tienes[8]. También porque un cliente insatisfecho comentará a una media de diez personas su descontento[9]. Pero sobre todo porque son los satisfechos los que te van a hacer tu campaña de publicidad más creíble y vendedora:

> Un cliente satisfecho es la mejor publicidad para una marca. El 88% de los consumidores consultados por Nielsen asegura que la fórmula promocional más confiable son las recomendaciones personales de amigos y conocidos.
>
> Las recomendaciones comparten podio con las recomendaciones *online* (64%) y los artículos en prensa escrita (51%). El Top 10 lo completan las webs de marcas (36%), los anuncios en prensa escrita (28%), los anuncios en revistas (28%), la publicidad televisiva (26%), la publicidad en radio (26%), la publicidad exterior (26%), y los *newsletters* (26%).[10]

Y cualquier cliente satisfecho, al final, querrás que explique la historia que más te convenga, aquella en la que te deje bien a ti. Para mí, uno de los mejores ejemplos de *storytelling* y, por tanto, de explotación de centro histórico es el trabajo que viene realizando la agencia Bartle Bogle Hegarty para Johnnie Walker con su concepto de marca Keep Walking, y en especial el maravilloso vídeo de seis minutos *The man who walked around the world*[11], con el actor escocés Robert Carlyle como protagonista. Una delicia de las que provocan envidia de lo más insana a cualquier publicitario.

---

[8] http://ticsyformacion.com/2013/03/25/un-nuevo-cliente-cuesta-6-veces-mas-que-retener-el-que-tienes-infografia-infographic-marketing/

[9] http://www.puromarketing.com/14/11979/cliente-insatisfecho-comenta-media-personas-descontento.html

[10] http://www.marketingdirecto.com/actualidad/publicidad/no-hay-mejor-publicidad-que-un-cliente-satisfecho/

[11] https://www.youtube.com/watch?v=l-FLFcKtPcU&feature=kp

Urbrandízate

¿Cuál es tu centro histórico? ¿Y tus áreas periféricas? ¿Dónde reside tu innovación? ¿Y qué deberíamos ir remodelando? ¿Cómo reescribimos tu historia para que suene congruente con tus objetivos futuros e interesante para quien te tenga que ayudar a conseguirlos?

19

Arquitectura

Deberías cobrarte entrada

Lima

Andar con Lima por la calle era ya de por sí un acto de provocación. Su estatura acomplejaba a cualquier hombre. Y el resto de su cuerpo hacía lo propio con cualquier mujer. Era dar un paseo de su mano e irse granjeando enemigos, críticas y envidias a cada centímetro recorrido. Agotador, sí. Pero excitante.

Y es que de Lima me excitaba todo. Su carita de muñeca fabricada en cualquier país emergente. Su piel de jarrón de la dinastía Ming. El péndulo de sus caderas. El vibráfono de su voz. Y qué me dices de su boca. Ay, su boca. Nada me daba mayor placer que el hecho de saber que en algo tan limpio y ordenado, lo más sucio que entraba era yo.

Estuvimos así varias semanas, haciendo de la garganta de ese monumento el descanso de mi mini yo. Día sí, día también.

La vida se nos presentaba a dos alturas, dependiendo siempre de nuestro grado de inclinación.

Hasta que un día me propuso dejar de entrar por el ático y empezar a hacerlo por el *hall*.

Pensé que nunca me lo pedirías, le contesté. Y entonces, y sólo entonces, descubrí que no es que fuera yo el más sucio.

Es que fui el primero.

Y entendí que ser el primero en algo es de las pocas cosas eternas que existen.

Porque lo fui entonces y lo sigo siendo hoy.

* * *

El 18 de octubre de 1997, en un solar en desuso cercano al puerto industrial de Bilbao, se inauguraba un monumental museo de arte moderno diseñado por Frank Gehry que significaría, en un plazo menor de diez años, volver a poner en el mapa a la ciudad de Bilbao y un impacto económico urbano cifrado en más de doscientos millones de euros al año[1]. Había nacido el efecto Guggenheim. Tal como señala el profesor de ESADE Javier Santiso,

> Un edificio puede cambiar la morfología de una ciudad entera. El museo Guggenheim de Frank Gehry, por ejemplo, colocó a Bilbao en el mapa mundial. Lo mismo ocurre con instituciones académicas: desde cientos de años, dos pequeños pueblos de Inglaterra, Cambridge y Oxford, existen ante el mundo como focos de excelencia. Más recientes, pero igual de espectaculares, MIT y Harvard, colocan a Boston en el epicentro del mundo del conocimiento y de la innovación. Estas dos instituciones académicas encabezan en 2010 la clasificación de

[1] http://news.bbc.co.uk/hi/spanish/misc/newsid_6514000/6514271.stm

las mejores universidades del mundo (ninguna española desgraciadamente figura entre las 200 primeras).[2]

En términos turísticos, la inmensa mayoría de las ciudades del mundo son ciudades de paso. Los verdaderos destinos, aquellas que realmente son visitadas todos los años por hordas de turistas son minoría, normalmente recogidas en ránquines de este tipo[3]:

Ciudades por Turistas Internacionales [editar]

No.	Ciudad	País	Continente	Visitantes Totales
1°	Londres	Reino Unido	Europa	16,9
2°	París	Francia	Europa	16,0
3°	Bangkok	Tailandia	Asia	12,1
4°	Singapur	Singapur	Asia	11,8
5°	Estambul	Turquía	Asia	11,6
6°	Hong Kong	China	Asia	11,1
7°	Barcelona	España	Europa	9,7
8°	Dubái	Emiratos Árabes Unidos	Asia	8,8
9°	Fráncfort del Meno	Alemania	Europa	8,1
10°	Kuala Lumpur	Malasia	Asia	8,1
11°	Seúl	Corea del Sur	Asia	8,0
12°	Roma	Italia	Europa	7,8
13°	Nueva York	Estados Unidos	América	7,6
14°	Shanghái	China	Asia	7,5
16°	Milán	Italia	Europa	7,1
17°	Ámsterdam	Países Bajos	Europa	6,9
18°	Viena	Austria	Europa	6,7
19°	Pekín	China	Asia	6,2
20°	Taipei	República de China	Asia	5,4

[2] http://www.esade.edu/web/eng/about-esade/today/esade-opinion/viewelement/259221/1/el-efecto-guggenheim-

[3] Fuente: http://es.wikipedia.org/wiki/Anexo:Ciudades_más_visitadas_del_mundo

¿Y qué tienen en común estas veinte ciudades? ¿Qué es lo que hace que cada año millones de personas se levanten de su sofá, se gasten dinero, se monten en un medio de transporte y se desplacen para visitarlas durante unos días?

Existen muchas respuestas y muy variadas a esa pregunta. Pero si tuviéramos que apostar por alguna, sin duda empezaríamos por sus monumentos. Edificaciones emblemáticas levantadas por el hombre que resultan admirables por su tamaño, su belleza, su cultura, su historia, su singularidad. Hasta el punto que muchas se han convertido ya en logotipo de la ciudad a la que representan. Los diez monumentos más visitados del mundo son[4]:

1. La catedral de Notre Dame, París, Francia (12 millones de visitantes al año)
2. La Gran Muralla china, China (9 millones)
3. La Ópera de Sidney, Australia (7,4 millones)
4. La Torre Eiffel, París, Francia (6,7 millones)
5. El Lincoln Memorial, Washington, Estados Unidos (6,04 millones)
6. El Coliseo, Roma, Italia (5,11 millones)
7. La estatua de la Libertad, Nueva York, Estados Unidos (4,24 millones)
8. Las pirámides de Giza, Egipto (3 millones)
9. La Alhambra, Granada, España (3 millones)
10. El Taj Mahal, India (2,5 millones)

Pues bien, lo mismo ocurre con las personas. Todos tenemos una historia, y esa historia va dejando sus monumentos. Obras, hitos y estructuras que vamos dejando tras nuestro paso,

[4] http://www.top10listas.com/2013/10/top-10-monumentos-mas-visitados-del.html

un legado del que nos sentimos orgullosos y edificios de nuestra URBRAND que nos ocupamos de publicitar, porque hablan de nosotros, nos hacen más atractivos y memorables a los que pasen por ahí y les permiten conocer la mejor versión de nosotros mismos.

Todo el mundo que haya cumplido ya cierta edad —y por «cierta» me refiero a una edad en la que biológicamente ya se puedan tener nietos— habrá construido en su vida, como mínimo, un monumento. Los que tienen muchísima suerte logran construir varios en una vida. Varios momentos cumbre, varias obras que trasciendan.

Y no confundamos eso con el éxito. Cuando me preguntan en qué consiste el éxito, yo siempre lo defino así: el éxito es un proceso íntimo y personal que a menudo se confunde con la fama —tampoco tiene nada que ver con el reconocimiento— y lo consigues cuando aquellos a los que un día decidiste admirar, te admiran a ti. Suele ser, por tanto, fruto de un proceso, rara vez de un solo resultado. Es fruto de una carrera, no de un pelotazo. Y para tener una carrera, no basta con un éxito, hay que conseguir varios. En música, estaríamos hablando de la diferencia entre los llamados *one hit wonder,* aquellos que triunfan con una sola canción y son incapaces de repetir el éxito y los artistas con una prolongada carrera musical y entran en el *Hall of fame*.

Tener un éxito puntual en tu vida ya es muy difícil. Pero es que tener dos es casi imposible. Y tener tres o más es ya casi ciencia ficción. Pero hay gente que lo consigue. La pregunta es cómo.

Cómo se construyen no uno, sino varios monumentos. Cómo se hace para construir una vida con varias posibilidades de éxito, que reflejen una carrera coherente y consistente lo suficientemente exitosa como para suscitar la admiración de aquéllos a los que hemos decidido admirar.

Una respuesta bastante contundente nos la dio un genio —quién si no— que reinventó la industria de la música, de los ordenadores, de la telefonía móvil y hasta de las tabletas digitales y no una, sino varias veces. Muy poco antes de morir, Steve Jobs dijo: «Stay foolish, stay hungry». «Continúa ingenuo, continúa hambriento». El día que pierdas la inocencia, la inquietud, la curiosidad o el hambre, ese día estarás más lejos de mejorar tu último gran *hit,* tu último gran monumento.

¿Y qué hacemos con los monumentos que ya tenemos? La mayoría de gente los pone en un currículum. Es la gran mayoría que sólo se preocupa de invertir tiempo y recursos en aquellos monumentos que queden bien en el currículum. Un máster, un posgrado, un buen trabajo en una multinacional. Todo eso está muy bien, no digo que no. Pero eso es construir una URBRAND sólo con edificios de oficinas. Ya me dirás qué interés tiene eso.

Piensa cuál es el edificio más famoso de Sidney. Y el de Roma. Y el de París. Y el de cualquier ciudad que te venga a la cabeza. Salvo tres o cuatro excepciones, en la mayoría de casos se tratará de auditorios, coliseos, templos religiosos, etc. Edificios que tienen que ver con la cultura, el arte, el entretenimiento o la religión. Las principales motivaciones para construir edificios por parte del ser humano durante los últimos treinta siglos.

Procúrate monumentos de todo tipo. Intenta tener monumentos prácticos y otros simplemente bellos, diferentes, o estimulantes. Hay quien le da por subir el Kilimanjaro. A otros les da por componer una sinfonía. O pintar cuadros. O correr maratones. O irse una temporada a vivir a la India. O saltar de un puente enganchados por una cuerda. Da igual. El caso es que tu URBRAND jamás parezca un óleo monocromo de edificios grises y similares. Dale color, y tendrás una vida de colores. Exígete más y vivirás muchas en una.

Así ganarás en turistas. Y en tamaño de URBRAND.

Urbrandízate

¿Qué monumentos tienes? ¿Cuáles valen la pena? ¿Derribamos —olvidamos— el resto? ¿Qué monumentos nos faltan? ¿De qué categorías son? ¿Cómo nos mantenemos hambrientos? Hagamos dieta de confort y perderemos lastre.

20

Alumbrado público

Veo veo

Ibiza

Lo que duele no es el dolor. El dolor es sólo una consecuencia. El efecto secundario de algo que nos hizo sufrir y que todavía hoy sigue haciéndolo. Me gustaría que esto que tanto duele fuese lo que me aplasta el pecho y me araña las vísceras y el corazón. Esto que se puede paliar poco a poco, con consejos, amigos, medicamentos, horas, sobremesas y tazas de té. Pero algo me dice que no. Que lo que duele no es el dolor.

Lo que duele no es el dolor. Lo que duele es la ausencia. El hueco que deja alguien que ya no está. Echar de menos con contrato indefinido. Y saber que quería llevársela y se la ha llevado, que ya está, que le han ganado la vida esas malditas seis letras que no pienso volver a juntar en mi boca nunca más.

Lo que duele no es el dolor. Lo que duele es conocer un vivo menos. Borrar su número del móvil. Tener que frenarme cuando la iba a llamar y recordarme a mí mismo que ya no puedo, que un día pude, que lo hice menos de lo que debía y que ya nadie podrá.

Lo que duele no es el dolor. Lo que duele es recoger los pedazos de quien se queda. No saber consolar a quien más quieres en este mundo. Tratar de estirarle los labios. Con una broma, un chascarrillo, una tontería. Fracasar.

Lo que duele no es el dolor. Lo que duele es la distancia. Este saberse lejos de ti, este llevarte conmigo, ese llevarme contigo y aún así, ser incapaces de llevarnos más. Haber caído con nuestro mayor triunfo. Haber sucumbido ante nuestro mayor logro. Lo mejor que habremos hecho en nuestra vida. Algún día él nos lo explicará.

Lo que duele no es el dolor. Lo que duele es no saber volverlo a intentar. Matar el nervio y dejar que se desangre la encía. Hablarlo tantas veces y acabarlas todas en ese silencio de punto final. Darnos por imposible. Constatar nuestra propia incompetencia. Seguir doliéndonos. Seguir mal.

Lo que duele no es el dolor. Es todo lo que dejamos atrás. El remolque desbocado de los recuerdos que nos perseguía al mismo ritmo y velocidad. Ahora sólo sabemos que le ha fallado el enganche, los frenos y no tenemos ni idea de en qué momento nos va a atropellar. Ni con qué.

Lo que duele no es ni siquiera llorar. Lo que duele es tener tantas razones para tener que hacerlo. Es esta maldita sequía de lágrimas. Es el miedo a quedarse solo y en pareja. Y esta cochina culpabilidad.

Lo que duele no es que la gente opine. Es que lo haga como quien habla del tiempo, alegremente y buscando de todo, menos ayudar. Que nos den consejos que no hemos pedido. Que inventen razones. Qué sabrán ellos. Qué sabrán.

Lo que duele no es el dolor.
Porque el dolor es esto que me viene aquí y ahora.
Lo que más duele es todo lo que vendrá.

* * *

> [La invención del alumbrado artificial de gas] se remonta a fines del siglo XVIII, y a través de la generación siguiente su uso se difundió, primero en las fábricas y luego en las residencias familiares, primero en las grandes ciudades y luego en los pequeños centros.[1]

Una vez construidos nuestros principales distritos, barrios y monumentos, hay que dotarles de luz, hay que facilitar que la gente los vea a cualquier hora del día o de la noche. Y asegurarte de que la gente vea y conozca lo que has hecho es lo que en la construcción de una URBRAND denominamos publicidad.

La publicidad, para ser eficaz, primero necesita de hechos relevantes sobre los que arrojar luz. Si no hay nada construido o si tus edificios son de cartón piedra, estarás tirando el dinero. Para ponerte a publicitar cualquier cosa, primero tienes que asegurarte que has hecho algo digno de ser puesto bajo un foco.

Lo segundo que necesitas es una buena inversión en tender ese alumbrado. Te puedes gastar una millonada en construir una catedral, pero si después la iluminas a la luz de las velas, o sigues en la Edad Media o estarás expuesto a que su visibilidad jamás dependa de ti. Éste es un error muy común entre las *start-ups,* a la hora de lanzar cualquier marca, es tan importante lo que uno se gasta en la concepción del producto o el servicio como la parte de fondos que ha reservado para la difusión y comuni-

---

[1] *La ciudad en la historia. Sus orígenes, transformaciones y perspectivas,* Lewis Mumford, Pepitas de Calabaza, pág. 782.

cación de lo que se ha hecho. Si la gente no se entera, por muy bueno que sea, no lo podrá usar. Tú puedes comprarte un Aston Martin, pero si no te guardas bastante dinero para gasolina, sólo lo disfrutará quien pise tu garaje.

Y por último, es muy relevante estudiar bien dónde ponemos ese alumbrado. Hasta dónde llegamos iluminando la ciudad. El hecho de que no iluminemos según qué zonas de nuestra URBRAND no significa que no existan. Significa que no dispondrán de luz. Y eso, como ocurre en cualquier núcleo urbano, es fuente asegurada de conflictos. Allá donde no ilumines, es muy probable que crezca la delincuencia, y es casi seguro que algún día alguien piratreará la línea para iluminar donde tú no querías que se viese, muy a tu pesar.

Cada vez es más difícil dejar zonas de cualquier URBRAND sin luz. Tarde o temprano alguien te deja en evidencia. Y esto, las marcas lo empiezan a aprender. La transparencia ya no es una cuestión de buena voluntad, ahora ya es una cuestión de obligación, o de prevención sensata, como se prefiera.

Además, hasta hace no mucho, la comunicación era un acto para el que había que prepararse. Hoy, con chavales adolescentes que compiten en número de seguidores en las redes sociales o por compartir su estado en un grupo de Whatsapp, publicitar(se) ha dejado de ser una actividad que se lleva a cabo para pasar a ser una actitud en la que se está.

En cuanto al contenido de esa publicidad, existen muchas estrategias, pero yo siempre apuesto por la misma: la molestia. Como publiqué en mi anterior libro *Annoyomics: el arte de molestar para ganar dinero,* cuando hablas, si nadie se molesta, eso es que no has dicho absolutamente nada. A lo largo de doscientas y pico páginas desarrollo esa tesis con un método en cinco pasos para ser capaces de identificar y desarrollar la molestia, que como el colesterol, la hay buena y la hay mala. Y la conclusión es clara: molestar vende.

Lo que viene a decir el método es que en términos de publicidad, hay dos caminos. Por un lado, el del 15 por 100 de las empresas, que son precisamente las grandes corporaciones, las que tratan de no molestar y gastan ingentes cantidades de dinero para no molestar a nadie. Si uno puede tomar ese camino porque se lo puede permitir, adelante. El problema es que cada vez es menos fiable, menos creíble, porque las marcas que intentan agradar a todo el mundo no lo consiguen. Por otro lado, está el 85 por 100 del entramado empresarial, que va a tener que molestar para ser diferente, para llamar la atención, para ser relevante en su ámbito. Ahí es donde yo digo que deberíamos pensar en qué tipo de molestia queremos generar.

Ahora mismo hay un gran imperativo, que es hablar del producto y no hablar tanto de marcas. Curiosamente, hemos vuelto al producto. En la década de 1990 cualquier marca podía anunciarse con un campo de trigo o unas olas maravillosas; y luego podías poner la marca que quisieras detrás y, de alguna forma, tenías una publicidad vacía. El problema son las molestias no deseadas, las que generan compañías que generan un malestar que no han previsto.

El método Annoyomics es un arte, no es ciencia. Es como el caso de Red Bull: los estudios de mercado decían que era un desastre, que el sabor no gustaba a nadie. Y, sin embargo, después el producto sale a la calle y arrasa. Para cualquier categoría, en cualquier industria, la sociedad está muy polarizada. Hoy en día, con asociaciones para la defensa de cualquier cosa —por ejemplo, para la de cría y engorde del caracol— hay gente que se reúne de verdad. Es una exageración, pero está ocurriendo. El que no polariza no tiene una marca.

Como explico en el libro, un genio de la molestia es el CEO de Ryanair, O'Leary. Es capaz de lanzar noticias falsas, como por ejemplo que va a poner a los pasajeros de pie, simplemente para que se hable de él. Es su manera de que los medios le

paguen la campaña de publicidad. Últimamente se habla de tipos de molestia que O'Leary no ha originado, sino que se le han venido encima. Esa es la línea roja que no hay que cruzar. El que utiliza la molestia y le sale bien, funciona. Pero hay mucho miedo a molestar, y es lógico, porque no es una garantía de éxito. La molestia te puede salir cara. Pero las marcas que apuestan por eso, y lo hacen bien y les sale bien, obtienen algo muy rentable.

- Ten muy claro quién es tu marca y haz que sea ella misma. Manifiesta y deja presente de forma clara su personalidad.
- Debe ser única y diferente. Resulta indispensable crear algo interesante y exclusivo que se diferencie del resto.
- Dirígete a aquellos que quieren lo que tú puedes darles.
- Proporciona experiencias únicas. Tu marca debe ser ante todo social, crear momentos y vivencias para el consumidor.
- Habla alto y claro, aunque susurres.

Crea una historia que alumbren todos los medios, tu historia va a ser el origen de las relaciones que crees. Y, como en toda historia, tu causa tiene buenos, malos, blancos, negros y grises. El consumidor actual no se traga cosas que no tienen pinta de reales, por mucha luz que hayas pagado.

Si eres el primero define tu personalidad. Si eres el segundo en el mercado, entonces eres el retador y tu personalidad se configura de acuerdo a la personalidad del líder. Has de tener lo que no tenga él, has de ser su contrapuesto. Como Pete Sampras y Agassi. Uy, qué desactualizado este ejemplo, ¿no? En fin, ya me entiendes.

Cualquier nombre propio es una marca. Los productos son tus hechos. Y lo que dices, tus campañas. Todo está en continua venta, incluso cuando no se espera que haya transacción. Lo que

ocurre es que la contraprestación no tiene que ser siempre de carácter económico.

Lo dejamos aquí, no vaya a ser que acabes ahorrándote la compra del libro.

URBRANDÍZATE

¿Hemos construido algo relevante y digno de ser publicitado en nuestra URBRAND? ¿Tenemos los recursos necesarios para dotarle del suficiente alumbrado? ¿Cómo distribuimos ese presupuesto para que no nos queden zonas oscuras y barrios enteros sin iluminar? ¿A quién podemos molestar? Y sobre todo, ¿nos hemos comprado, leído y subrayado *Annoyomics*?

21

Saneamiento urbano

No es una crisis, es una desaceleración

Bellvitge

Has decidido que te la llevas. La noticia ha caído como un mazazo sobre la familia. Un mazazo de los que te rompe por dentro pero te une por fuera. Un mazazo que aplasta cada año más de doscientas mil familias sólo en España. Otra familia que se ve obligada a recordar que sólo se tiene a sí misma cuando alguien se viene o se va.

Has decidido que te la llevas. No has sido ni para decirlo a la cara. Nos lo has hecho saber desde tu escondite, la putrefacta caverna microscópica en la que llevas meses atrincherado, agazapado detrás de un asterisco que venía en un sobre muy parecido al de las facturas, como si alguien te hubiera pedido la cuenta, el qué se debe, *l'addition.*

Cobarde, que eres un cobarde. Mal rayo te parta. Ni un mísero aviso. Ni una oportunidad. Te presentas como se presentan los delincuentes y los indeseables, por sorpresa, sin avisar, cuando ya todo es tarde, cuando ya sólo queda alevosía y nocturnidad. Como si te hubiéramos hecho algo. Como si alguien en este mundo mereciese algo así.

Porque has decidido que te la llevas. Vale, muy bien y ahora qué. Nos das la noticia, nos marcas un plazo, nos amputas cualquier esperanza y aún tendremos que darte las gracias por dejarnos algo de tiempo para despedirnos de ella. Nos dejas el tiempo justo para embalsamar tantos recuerdos que no sabemos ni por dónde empezar. El tiempo justo para no poder ni llorar.

Que sepas que no vas a llevártela tan fácilmente. Que sepas que ella piensa plantarte cara hasta el final. Aunque sea lo último que haga. Piensa aferrarse a lo que le queda de sí. Y piensa apurar toda estadística por ínfima que sea, como se apura el último sorbo en pleno desierto, como se estiran esos últimos minutos antes de que vuelva a sonar el despertador.

Pero sobre todo, que sepas que no está sola. Ni ahora ni nunca. Ni antes ni después. Su dolor es el nuestro. Su lucha no se libra sólo en su organismo, sino en el ánimo de todos y cada uno de los que la queremos, la querremos y la quisimos alguna vez. Porque en eso consiste querer de verdad, sufrir lo que se ama y amar lo que se sufre, se esté en el cuerpo de quien se esté. Pero qué hago contándote esto, tú qué vas a saber, si eso tú no lo podrás sentir jamás.

Tú has decidido que te la llevas, y punto. Y eso sí, ahora nos ofreces todo tipo de paliativos. Siniestra palabra. Eufemismos, tecnicismos inútiles para disfrazar el dolor que menos duela. Pero duele igual.

Tratamiento, otra palabra que siempre nos será extraña. Porque esconde lo mismo que esconde cualquier peluca. Un esfuerzo titánico, cotidiano, íntimo y personal por aparentar normalidad bajo circunstancias absolutamente extraordinarias.

Por eso, has decidido que te la llevas y puede que al final hasta te la acabes llevando. Puede que ganes, pero jamás vas a triunfar. Porque hay cosas que nunca podrás llevarte.

No te llevarás su risa. Porque su risa puede contigo. Aunque al final te la lleves a ella, su risa se quedará. Tampoco puedes con su cariño. El que recibe y el que nos ha dado. Cuanto más se apaga ella, más se ilumina el hueco que deja a su alrededor. Y por supuesto, no podrás con su recuerdo. Es demasiado grande para ti. Y para cien más como tú.

Cuídate mucho, porque esto no ha hecho más que empezar. Detrás de tus malditas seis letras hay mucha más gente que sigue luchando todos los días, desde dentro y desde fuera de la enfermedad. Disfruta aún que puedes. Destruye a discreción mientras te dure.

Nosotros tardaremos más o menos, nos dejaremos más o menos por el camino, pero tarde o temprano, tú caerás. Como cayeron tantas otras antes que tú. Porque vamos a por ti. Y si algo bueno tiene el ser humano, de las pocas cosas buenas quizás, es que cuando queremos destruir algo, cuando de verdad nos lo proponemos, es sólo cuestión de tiempo que lo consigamos. Mira si somos buenos, que a veces hasta lo hacemos sin querer.

Has decidido que te la llevas.

Ahora mírame fijamente.

Porque a mí, miedo, no me das.

* * *

> La invención del inodoro, por sir John Harrington en 1596, introdujo un importante perfeccionamiento técnico en la casa; pero la moda no se difundió rápidamente, ya que incluso la letrina seca interior fue introducida en Francia en el siglo XVIII como una novedad inglesa; mientras que el palacio de Versalles, construido sin reparar en gastos, no tenía ni siquiera las instalaciones de un castillo medieval: allí se utilizaban orinales portátiles sobre ruedas. Antes de la invención del escotillón y de la chimenea de ventilación para la letrina, la permanencia de sus emanaciones en la casa contrapesaba casi las ventajas de la reciente invención: considérese la preocupación británica, durante el siglo XIX, por los «malos desagües».[1]

La mayoría de los urbanistas coinciden en que uno de los grandes retos del siglo XXI será la gestión de residuos en las grandes megápolis. Por primera vez en la historia de la humanidad, hay más gente viviendo dentro de las ciudades que fuera de ellas. Y eso significa y significará mucho residuo que gestionar. Desde la gestión eficiente de las aguas fecales hasta la recogida de basuras y vertidos químicos por parte de las grandes empresas suponen ya uno de los puntos en la agenda de cualquier foro internacional sobre urbanismo que se precie.

Y cuáles son las cloacas de una URBRAND. Las cloacas son por donde discurren todo aquello que una URBRAND no desea, y necesita desprenderse de ello con la máxima discreción y brevedad posible. Estamos hablando de la gestión de una crisis reputacional.

Una crisis de reputación la puede sufrir cualquiera y por los motivos más dispares. Lo peor no es que te ocurra, porque

[1] *La ciudad en la historia. Sus orígenes, transformaciones y perspectivas*, Lewis Mumford, Pepitas de Calabaza, pág. 643.

lo hagas como lo hagas es muy probable que algún día te ocurra. Lo peor es que no la sepas gestionar bien. Y lo pésimo, que ni aun sabiendo gestionarla, llegues a tiempo para hacerlo.

La Casa Real, por ejemplo, en su día una de las URBRAND con más prestigio y niveles de aceptación de todo país, desde la imputación de Iñaki Urdangarin en el caso Nóos a finales de 2011 y desde que se publicaran unas fotos del rey cazando elefantes en Botswana en abril de 2012, mientras su pueblo sufría la mayor crisis económica e institucional de la historia reciente, ha venido sufriendo una crisis reputacional tan profunda y tan extendida que ha llevado a la caída en picado de su índice de popularidad, hasta que cristalizó en la abdicación del jefe del Estado el 2 de junio de 2014 en su hijo Felipe VI. Y suma y sigue, porque dudo mucho que todo eso acabe ahí.

En septiembre de 2013 tuve la ocasión de comprobar de primera mano la capacidad de reacción de una gran marca ante una crisis de reputación *online*. Digamos que en pocos minutos y sin demasiado esfuerzo metí en apuros al *community manager* de una gran marca, y por el camino descubrí lo sencillo y rápido que se podía crear un *Trending Topic* a costa de la reputación ajena.

Eran las 10 de la mañana y yo cogía el AVE en la estación de Atocha dirección Barcelona cuando mi secretaria llamó para decirme que alguien de Canal+ había llamado a mi oficina reclamándome un cable HDMI y dos euroconectores. Yo al principio pensé que se trataba de una broma. Recientemente había solicitado mi baja del servicio, básicamente porque había encontrado una oferta mejor. Y de pronto, después de tantos años pagando religiosamente servicios que jamás llegué a utilizar, reclamarme tres cables cuyo coste total no superaba los diez euros me parecía, como mínimo, curioso. Y así lo indiqué a través de los siguientes tuits:

Lo de «en apuros» tenía que ver con los rumores de una inminente venta del grupo a otra empresa. Pero yo no quería ir por ahí, a mí simplemente me molestó la reclamación, porque me indignan las marcas que te lo ponen muy fácil para entrar y muy difícil para salir. Creo que eso es perpetrarle al consumidor una estafa en diferido.

Yo al principio pensaba dejarlo como una anécdota, pero, de pronto y ante mi sorpresa, ocurrieron dos hechos que me hicieron decidir seguir adelante.

En primer lugar comencé a recibir decenas y decenas de mensajes de consumidores que de algún modo u otro se habían sentido estafados por la compañía. Así que decidí empezar a hacerles retuit a los más interesantes, añadiéndoles el hashtag que había creado para la ocasión #UnHDMIy2Euroconectores. En apenas dos horas realicé casi cien retuits de este tipo:

Risto Mejide
@ristomejide
Seguir

"@MARIAJOSE_AGP: me cobraron a través de tarjeta bancaria sin mi consentimiento, les denuncie y me lo devolvieron" #unHDMIy2Euroconectores

10:39 AM - 25 sep 2013

8 RETWEETS 3 FAVORITES

Risto Mejide
@ristomejide
Seguir

"@joan5granados: te diran que pasarán a recogerlo. Y no lo harán. Llaman pidiéndote el dinero del aparato" #unHDMIy2Euroconectores

10:52 AM - 25 sep 2013

5 RETWEETS 3 FAVORITES

Y en segundo lugar, inexplicablemente, ante tal aluvión de quejas por una red social, la compañía no sólo no se pronunciaba, sino que hizo ver estar ausente, cuando se trataba de un día laborable, eran horas de oficina y era obvio que tenía que haber alguien al otro lado. Esto es como tener una avalancha de quejas en plena temporada alta en la recepción de un hotel, y que no haya ni un solo empleado allí para atenderlas. ¿Qué pasará? Pues que la crispación irá inevitablemente en aumento. Crispación que enseguida empezó a canalizarse en cachondeo, y el cachondeo en las redes sociales tiene un nombre: meme.

Rubén Martínez @ivoldark · 25 de sept.
ÚLTIMA HORA: @ristomejide "España saldrá de la crisis si cada español compra #unHDMIY2euroconectores. Impulsará crecimiento y creará empleo"

1

12:32 - 25 de sept. de 2013 · Detalles

FAVORITO
1

Responder a @ivoldark

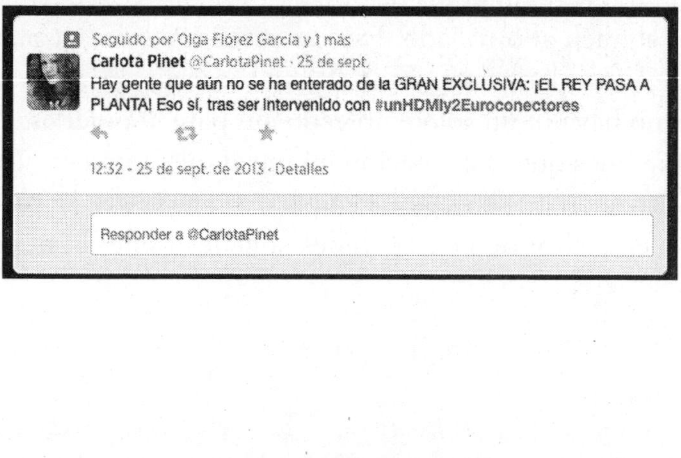

Seguido por Olga Flórez García y 1 más
Carlota Pinet @CarlotaPinet · 25 de sept.
Hay gente que aún no se ha enterado de la GRAN EXCLUSIVA: ¡EL REY PASA A PLANTA! Eso sí, tras ser intervenido con #unHDMIy2Euroconectores

12:32 - 25 de sept. de 2013 · Detalles

Responder a @CarlotaPinet

Ya lo escribió Delia Rodríguez en su espectacular *Memecracia:*

> Los memes son tan egoístas como los genes. No tienen por qué ser necesariamente buenos, ni bellos, ni útiles, ni verdad. Lo único que hacen es extenderse y sobrevivir.[2]

---

[2] *Memecracia. Los virales que nos gobiernan,* Delia Rodríguez, Gestión 2000, pág. 25.

Y vaya si se extendieron. Tal como recogía días después en su análisis el SM Reputation Metrics de la Universidad de Navarra,

> A las 13 h (dos horas después del lanzamiento del HT #UNHDMIY2EUROCONECTORES) había generado 2.350 menciones. A las 13:30 h: 2.900 menciones. A las 14 h: 3.200 menciones. A las 16 h: 3.900 menciones.[3]

Tanto fue así que antes de que mi AVE llegase a Barcelona, el hashtag ya era primer *Trending Topic* nacional, por encima incluso de partidos políticos, tasa de empleo o programas de televisión:

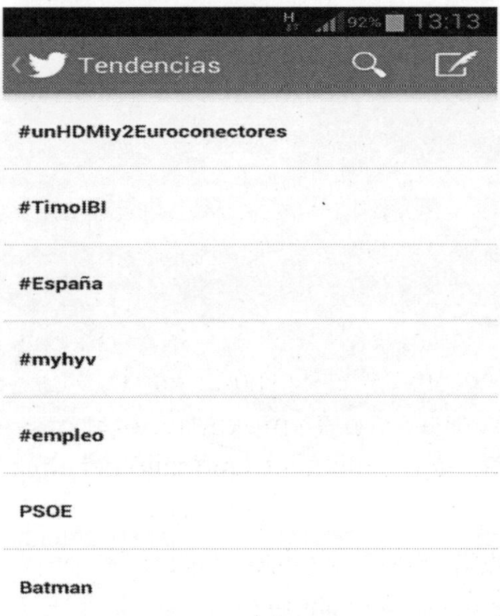

[3] http://smreputationmetrics.wordpress.com/2013/09/25/cuando-una-queja-se-convierte-en-una-crisis-risto-mejide-una-baja-en-canal-plus-unhdmiy2euroconectores-35-euros-y-twitter/

Finalmente, la compañía reaccionó, pero lo hizo tarde y mal. En vez de contactarme o bien por mensaje privado, o bien con un mensaje público que explicase a todo el mundo lo que había ocurrido, el *community manager* decidió publicar sendos mensajes de lo más contraproducentes, uno desde la cuenta oficial de la marca y el otro desde el servicio posventa:

Claro, habían pasado casi tres horas desde mi primer mensaje. La red ya hervía de comentarios e historias personales que no dejaban especialmente bien a la compañía. Y ahora se descolgaban con un mensaje del tipo «es obvio que nos hemos equivocado». Como si ellos siguiesen sin haber escuchado a los demás. Ante lo cual no me quedó otra que responderles a ambos lo que en ese momento me salió del alma:

La noticia saltó a los medios digitales generalistas[4] así como a los especializados en televisión[5] y, por tanto, se acabó convirtiendo en historia que incluso ahora se estudia en los cursos sobre *community management*.

¿Y cuándo habría sido ideal responder? ¿En qué horizonte temporal los daños habrían sido mínimos para la compañía? Los datos recogidos por SM Reputation Metrics muestran que el horizonte ideal está dentro de la primera hora:

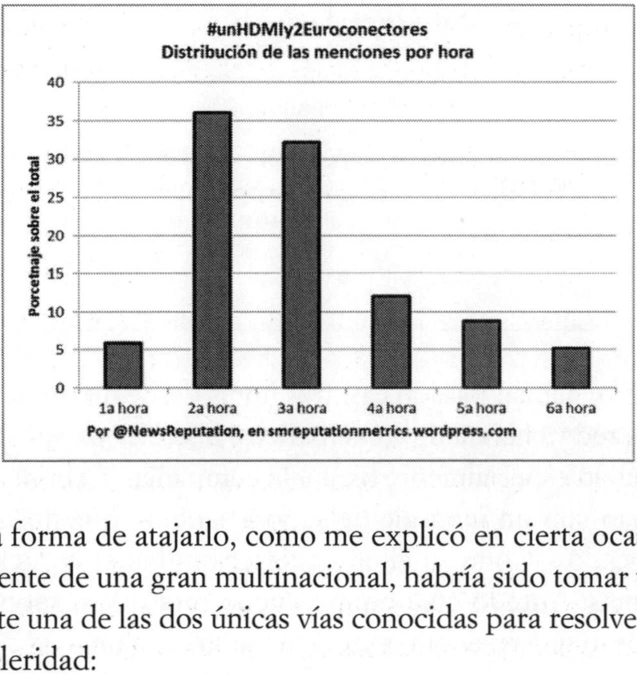

La forma de atajarlo, como me explicó en cierta ocasión el presidente de una gran multinacional, habría sido tomar urgentemente una de las dos únicas vías conocidas para resolver crisis con celeridad:

1. *On the table:* de manera URGENTE, haber explicado a todo el mundo que yo en su día firmé un contrato en el

[4] https://es.tv.yahoo.com/noticias/risto-mejide-ataca-a-canal-twitter-reclamarle-hdmi-140256284.html

[5] http://www.formulatv.com/noticias/33286/risto-mejide-twitter-canal-plus-devuelva-hdmi-dos-euroconectores-baja/

que me comprometí a devolver unos cables que en ese momento se me prestaron, y que la empresa no hacía más que exigirme el cumplimiento del contrato, el cual obviamente jamás me leí.

2. *Under the table:* de manera URGENTE también, haberse puesto en contacto conmigo por mensaje directo o por mail para tratar de atajar el tema sin que fuese más allá la repercusión pública. No es la forma más adecuada de actuar pues a veces puede llevar a malentendidos y empeorar las cosas, pero la verdad es que suele funcionar en casi todos los casos. Menos en el mío, claro.

De cualquier modo, la experiencia me enseñó que para crear un *Trending Tropic* (TT) en un momento sólo hacían falta tres elementos básicos:

1. Un enemigo común a muchos. Tú juntas una queja general, generalizada, contra un enemigo que todo el mundo vea como el enemigo a batir.
2. Buscas una plataforma, que en este caso se llama hashtag, en la que la gente pueda jugar con ello. Entonces ofreces un juego, un #HDMIy2Euroconectores. La cosa empezó a subir en el momento en que la gente empezó a jugar.
3. Lo manifiestas mediante alguien que lo potencie. En ese momento yo tenía más de un millón y medio de seguidores. Retuiteando eso, potenciando eso, a una hora en la que no están las cadenas de televisión con todos los hashtag colocados, ya lo tienes, ya tienes un TT. Lo peor de todo como tuitero no fue eso. Lo peor de todo fue la reacción de Canal+, que fue tarde, tres horas y pico después y mal. ¿Y qué he hice yo? Nada, lo hizo la gente, el cabreo de la gente, su ingenio y la necesidad de que algunas cosas de las grandes compañías cambien.

Hay un cambio de paradigma muy importante del modelo de comunicación, que es el cambio del consumidor. El consumidor por fin tiene el poder, por fin tiene el control. Me parece un cambio de paradigma muy importante, de consumidor a usuario. Ya no vale un spot, ya no vale un GRP, ya no vale poner pasta. Ahora hay que interesarles con algo: creo que es un cambio en comunicación a la altura de la revolución copernicana.

Y no se habla sólo de marcas, se habla de lo que interesa: fútbol, iniciativas ciudadanas, catástrofes meteorológicas. Aprovecha los movimientos espontáneos que se producen en la red para sumarte o no a las diferentes causas. Gestiona tu influencia, tu lugar en la comunidad y la posibilidad de ser el nodo de conexión entre los distintos miembros.

Se tardará años en reconocer y rentabilizar la revolución que ha supuesto Twitter. La idea que hay detrás ha demolido la definición tradicional de medio de comunicación. Es una revolución tan profunda que está cambiando la manera de medir la influencia, la fama, el ingenio, la creatividad, las fuentes de información, la rapidez, la profundidad de la información y la desintermediación del sector, hasta tal punto que creo que tardaremos años en comprenderla.

Urbrandízate

¿Qué tal está nuestro sistema de alcantarillado? ¿Tenemos vías y sensores para detectar las crisis los primeros? (Ver «*Smart Cities*»). ¿Una vez detectados, podemos responder antes de una hora? ¿Con quién estamos hablando? ¿Seguro que se trata de un solo usuario? ¿Qué repercusión pueden tener nuestras respuestas? ¿Cuánto perdemos si no hacemos nada?

22

Transporte

Aquí me bajo

Río de Janeiro

Me pasé quince días deseando a Río por el visor de una cámara. Ella parecía que hubiera nacido para vivir siempre en el escaparate, para ser admirada desde detrás de un cristal. Y mira que la rodamos en todo tipo de planos, incluso a distancias que no aguantarían ni la mejor piel. Y sin embargo, ella siempre brillaba. No, su piel estaba estupenda. Era ella la que siempre sonreía de medio lado, sabiendo que estábamos todos ahí. Porque era como si ya supiera lo que pensábamos todos, y sobre todo yo. Como si hubiera descubierto mis intenciones tras ese fotograma que jamás se montó.

El último día de rodaje, como no podía ser de otra manera, Río me desbordó. En un momento de descuido mío y de todo

el equipo, me pilló aparte y me soltó algo así como que quería verme a solas cuando acabáramos. Tal como me lo dijo ya es como si se hubiera desnudado para mí. Ni me hacía falta verla, ya me lo había dicho. Ya está.

Los minutos que faltaban para acabar el rodaje se me hicieron eternos. Constatación masculina: las horas pasan mucho más lentas con toda tu sangre en la entrepierna. Pero al final, acabó lo que tenía que acabar y llegó lo que tenía que llegar.

Nos fuimos de marcha toda la noche por las calles de su ciudad. Me descubrió Copacabana, Leblon, Ipanema y Botafogo. Me besó en sitios que no sabía ni que se pudieran llegar a besar. Y en un momento dado de la noche, pronunció las palabras mágicas:

—Llévame a tu hotel.

Jamás he pillado un taxi tan rápido. Nunca antes había dado tanta propina sin fijarme ni en el cambio. Y las escaleras de la entrada del hotel, creo que las subimos de diez en diez.

Todo para llegar al ascensor. Y digo al ascensor porque no pasamos de ahí. El botón de subir, de repente, no funcionaba. Río me miraba extrañada, yo no podía ni pensar, seguí apretando el botón de cerrar las puertas como un yonqui al que de pronto le han negado la medicación.

Y entonces, en un atisbo de estupidez, se me ocurrió salir del ascensor y dirigirme a recepción. Allí nos esperaba el típico sabidillo que en su vida había visto una mujer como la que yo quería beneficiarme —y recordémoslo, lo que es aún más raro, ella a mí también—. Me dedicó la típica sonrisilla que le dedica el empollón al repetidor justo después de un examen. Y me dijo, con una sorna disfrazada de educación, que «la señorita» no podía subir conmigo. Que se trataba de «normas de la casa». Que anularían el servicio de ascensor hasta que ella saliese del edificio.

Yo, lógicamente ofendido, le pedí explicaciones al recepcionista. Bueno, vale, no se las pedí, se las exigí. Venga, de acuerdo,

le grité un poco, además. Bien, es posible que le gritase mucho. Mira, dejémoslo en que le estuve berreando durante unos minutos.

El caso es que cuando acabé de echarle todos los demonios, me había quedado sin ningún ángel. El caso es que cuando me giré y volví en mí mismo, ella ya no estaba allí.

La última vez que la vi fue presentando un programa de la MTV. Intenté alojarme en el mismo hotel que ella se hospedaba. Pero no me dejaron entrar.

* * *

El liderazgo tecnológico no se define por unas patentes
que la historia ha probado en repetidas ocasiones
que suponen una muy escasa protección
contra un competidor decidido, sino por la capacidad
de una compañía para atraer y motivar
a los mejores ingenieros del mundo.

ELON MUSK, CEO de Tesla Motors

La manera como te transportas en una ciudad determina —a la vez que viene determinada por— el carácter de sus ciudadanos, como apunta el profesor David Harvey[1]:

> Al vivir en una ciudad como Nueva York, tienes que viajar por la ciudad, transportarte, y tratar con otras personas de una manera muy determinada. Como todo el mundo sabe, los neo-

---

[1] David Harvey es profesor de Antropología y Geografía en el Graduate Center de la City University of New York (CUNY), director del Center for Place, Culture and Politics, y autor de numerosos libros, como *Ciudades rebeldes. Del derecho de la ciudad a la revolución urbana,* Akal.

yorquinos tienden a ser fríos y bruscos con los demás. Eso no significa que no se ayuden entre sí, pero para tratar con el ajetreo diario, y las cantidades masivas de gente en las calles y en el metro, debes negociar con la ciudad de una manera determinada.

Tu personalidad como ciudad se ve reflejada en la forma en que tus ciudadanos se relacionan contigo, en palabras de Harvey, «cómo negocian» con la ciudad. Mesa de debate «¿Qué ciudades queremos?», dentro del foro Desarrollo Urbano Sostenible, Vivienda, Transporte y Accesibilidad, 26 de junio de 2007:

> La movilidad, por expresar la idea del transporte ya no como un concepto material, sino como un valor, la movilidad está ya en todas las agendas de las políticas urbanas, por razones desde luego ambientales. El diagnóstico que se hizo en el plan de infraestructuras y transportes español concluye que en España ya el 40% de las emisiones de CO_2 debidas al transporte se genera en el transporte urbano y metropolitano, y que es además el más dinámico, el que más está creciendo de los distintos elementos de transporte, y por tanto factores de contaminación. Pero además, evidentemente la movilidad no sólo debe importar por razones ambientales, sino también por razones socioeconómicas. En la movilidad se nos dirime en buena medida la conciliación de la vida laboral y profesional.

El transporte es lo que determina el tamaño de la URBRAND, pero es que además está íntimamente relacionado con las infraestructuras, con la extensión del territorio urbano, con la economía del tiempo y, en última instancia, hasta con el número de habitantes:

> Toda ordenación espacial será nula si no existe una adecuada accesibilidad, unos medios de transporte común eficaces y

> una red viaria capaz e inteligentemente planeada. En términos de accesibilidad es como algunos urbanistas han considerado que se debería tratar el problema de la dimensión de las ciudades. Parece aconsejable que el área metropolitana no se extienda más cuando se haya sobrepasado la media de treinta minutos de tiempo de transporte entre el centro y la periferia. Este cómputo horario puede mejorarse en cuanto se perfeccionen los medios de transporte. Si la velocidad de tráfico en autopista de acceso es en las horas punta de unos 25 kilómetros por hora, no cabe duda que en cuanto aumentemos esta velocidad a 30 o 40 kilómetros por hora la ciudad podrá extenderse más y aumentar el número de sus habitantes proporcionalmente.[2]

Por eso, como ya advertimos en el apartado «Economía», para que los ciudadanos prosperen dentro de tu URBRAND, es vital facilitarles el transporte intra e interURBRANDS, dotarles de movilidad en la base de una economía boyante y floreciente. Pero vayamos un paso más allá, analicemos qué tipo de transporte podemos ofrecerles para ver si nuestra URBRAND necesita que le echemos una mano en algún aspecto.

Un transporte es lo que hace que una URBRAND se abra al mundo. Una URBRAND sin transporte es una URBRAND cerrada, donde no entran ni salen bienes, información ni personas, es una URBRAND condenada a desaparecer por inanición. Cuantas más opciones de transporte tengan sus ciudadanos, mejores serán sus condiciones de vida. Esto, en marketing se traduce en abrir los productos y servicios. ¿Recuerdas las primeras páginas web de casi todas las empresas? ¿Cuando había que tener una página web, sí o sí, sin importar que el contenido sólo interesara al consejero delegado? ¿Queda aún gente que

---

[2] *Breve historia del urbanismo,* Fernando Chueca Goitia, Alianza, pág. 233.

piense que una página web ambiciosa tiene que ser un sistema cerrado? Lamentablemente, sí. Pero en fin.

Si no abres tu URBRAND, y no dejas que tus ciudadanos jueguen con ella, experimenten y te sorprendan, jamás descubrirás hasta dónde puedes llegar como URBRAND y por lo tanto es muy probable que tras jugar un rato contigo, los consumidores se cansen y pasen a otra cosa mariposa. En el eterno debate de *copyright/copyleft,* sistema cerrado/sistema abierto, la filosofía abierta de los sistemas como el VHS en su momento o el más reciente Android —que acapara ya más del 80 por 100 del mercado[3]— ha dejado muy claro quién acabará, a la larga, llevándose el gato al agua.

Una de las compañías más innovadoras del mundo en estos momentos, Tesla Motors, acaba de hacer un comunicado que lo puede cambiar todo en la industria automovilística:

> Un anuncio del siempre interesante Elon Musk en su junta anual de accionistas añade todavía más atractivo a los académicos que nos dedicamos a estudiar la estrategia de la compañía: podría estar planteándose liberar el uso de sus patentes para promover el desarrollo del mercado de vehículos eléctricos.[4]

Ante cualquier innovación de la historia, creo firmemente que la humanidad siempre se ha dividido en dos tipos de personas: están los mecánicos, que se dedican a analizar las características técnicas y se quedan absortos y fascinados con las funcionalidades del invento, y luego están los exploradores, a los que les da igual de qué está hecho, simplemente se montan en

---

[3] http://www.xataka.com/moviles/android-ya-acapara-el-80-de-cuota-de-mercado-en-smartphones-y-la-mitad-son-telefonos-samsung

[4] http://www.enriquedans.com/2014/06/tesla-y-la-estrategia-de-la-apertura.html

ese artilugio e investigan hasta dónde les puede llevar. Los que desmontan el cacharro y los que se montan en él. No hace falta decir que ambos perfiles se necesitan para cambiar el mundo. Pero lo que sí está claro es que la evolución de los medios de transporte ha ido íntimamente ligada a un proceso de innovación tecnológica:

> Desde los más básicos niveles de inteligencia los seres humanos han utilizado medios externos para vencer la resistencia que la gravedad y otras causas imponen a sus movimientos. Cuerpos flotantes en el agua, o sencillas pantallas que recogían la fuerza del viento fueron los primeros medios de transporte; más tarde, el aprovechamiento de la capacidad motriz de otros seres vivos y sobre todo la invención de la rueda o el trineo, supusieron auténticas revoluciones en el modo de efectuar los desplazamientos que perduraron y se perfeccionaron lentamente con la mejora de los atalajes de tiro y de los carruajes.[5]

Después llegaron la máquina de vapor, el ferrocarril, y más recientemente, el automóvil y la navegación aérea autopropulsada. Pero se tratase de la tecnología que se tratase, en términos de uso, siempre han existido dos modalidades universales de transporte, el público y el privado:

> Los medios de transporte urbano han mejorado en rapidez, comodidad y número hasta el presente. Entre ellos se pueden diferenciar los transportes privados, de titularidad particular, y los transportes públicos, aunque también se clasifican, según su capacidad y el tipo de itinerarios que realizan, como transportes individuales o colectivos.[6]

---

[5] *Diccionario de urbanismo. Geografía urbana y ordenación del territorio*, VV. AA., Cátedra, pág. 228.

[6] Ibíd., pág. 375.

Veamos primero el transporte privado. La titularidad individual determina cómo se desplaza cada cual por su URBRAND, sin tener que sincronizarse con los demás usuarios. Es la tecnología que nos permite ser independientes al grupo y a los otros ciudadanos. Y cuando somos independientes, utilizamos la tecnología como nos viene en gana. Puede que el creador de cierta tecnología piense que sabe para qué será utilizada por sus potenciales usuarios, pero a la hora de la verdad, eso nunca es totalmente cierto. Ni siquiera el mayor inventor de la historia moderna, Thomas Alva Edison, se salvó de esta miopía visionaria:

> El inventor del gramófono, T. A. Edison, conocido por sus contemporáneos como «el mago the Menlo Park», sugirió que una de las aplicaciones de su aparato era la producción de los registros de vida de una persona, un panorama sonoro condensado, que abarcara desde los primeros sollozos hasta las últimas palabras del miembro familiar moribundo.[7]

Y no es un caso aislado. Originariamente, el ahora colutorio Listerine fue creado en 1880 como antiséptico quirúrgico, aunque también se vendió como limpiador de suelos y como remedio contra la gonorrea. No fue hasta la década de 1920 cuando la gente empezó a utilizarlo como remedio contra la halitosis, que los ingresos de la compañía pasaron de ciento quince mil dólares a más de ocho millones[8]. Algo parecido ocurrió recientemente en Mercadona y el champú de caballo[9].

Tú ya puedes crear tu URBRAND como tú quieras, que la gente la utilizará como le dé la gana. Pero si esto mismo le ha

---

[7] http://pendientedemigracion.ucm.es/info/especulo/numero28/ttt_cabr.html

[8] http://www.yalosabes.com/la-historia-del-listerine.html

[9] http://www.publico.es/421203/el-champu-de-caballo-se-desboca

ocurrido incluso a los creadores de una de las herramientas de comunicación más potentes del siglo:

> En la jerga de programación, los ingenieros utilizaban el símbolo @ para hablar con otra gente en un servidor, de modo que era casi natural que acabara transfiriéndose a Twitter. El primero en utilizar el símbolo @ fue un joven diseñador de Apple, Robert Andersen, que el 2 de noviembre de 2006 respondió a su hermano poniendo una @ delante de su nombre. El símbolo empezó a filtrarse lentamente en el idioma de Twitter. Y en cuestión de poco tiempo, los usuarios se referenciaban los unos a los otros, no por su nombre de pila, sino por su @ nombre de Twitter. El nuevo método de comunicación adquirió tanta popularidad en la página que a primeros de mayo, Alex Payne, un programador de Twitter, incorporó a la página web de Twitter una nueva etiqueta que mostraba las @-respuestas de los usuarios.
>
> Luego apareció la almohadilla, el símbolo que hasta entonces se había utilizado principalmente en los teléfonos para trabajar con el contestador automático. [...] Daba lo mismo que Ev, Biz o cualquiera que trabajara en Twitter dijera lo que pensaba. En un ejemplo de una página que coge por sí misma el timón cuando los fundadores no pueden hacerlo, la gente siguió utilizando almohadillas para organizarlo todo, desde chats entre grupos hasta conferencias, pasando por las discusiones sobre noticias de actualidad.[10]

El transporte privado, en definitiva, es la innovación individual que permitirás a tus ciudadanos que habiten en tu URBRAND.

---

[10] *La verdadera historia de Twitter. Cómo una empresa nacida entre traiciones y guerras entre sus fundadores, se convirtió en un negocio de millones de dólares y, accidentalmente, cambió el mundo,* Nick Bilton, Gestión 2000, pág. 137.

Hasta dónde les vas a dejar que adapten la URBRAND a sus propios intereses. Si les dejas entrar hasta la cocina o si por el contrario no les dejas pasar de la sala de estar.

En cuanto al transporte público, la palabra clave es *crowd,* y a continuación añade tú el verbo que quieras. *Crowdfounding. Crowdvoting. Crowdsourcing.* Por primera vez en la historia, la humanidad tiene herramientas para hacer cosas juntos, desde comprar viajes entre varios o programar un software a miles de manos, hasta realizar cálculos complejísimos que serían inviables con un solo ordenador. Y lo más importante, todo esto se puede hacer a un coste que tienda a cero. Según el gurú y amigo Alfons Cornella, el futuro es co-. *Co-working, co-owning, co-operating,* etc.:

> El éxito de los humanos se basa en haber colaborado. Incluso con gente que no conocemos. Es algo natural en nuestra especie, a pesar de que pensamos que el egoísmo nos domina. Sobrevivimos porque colaboramos.[11]

Y colaboramos para sobrevivir, añadiría. Porque es una tendencia imparable, tan imparable que ya estamos empezando a ver a nuestro alrededor cada vez más ejemplos:

> Coches que se llenan para compartir el coste de la gasolina y de los peajes de las autopistas *(carpooling,* como en Amovens). Personas que comparten su automóvil con otros cuando no lo usan, o sea, la mayor parte de la semana (ver el ejemplo de SocialCar). Disponer de un sofá en el que dormir al visitar una ciudad, evitando pagar un hotel (el *couchsurfing*). Alquilar tu casa cuando no estás en ella (como en AirBnB). Alquilar todo tipo de herramientas que sólo vas a utilizar una vez: ¿de verdad necesitas una sierra eléctrica para cortar árboles? (Ver Zilok).

[11] *La solución empieza con co-. Hacia la sociedad y la economía de la colaboración,* Alfons Cornella, Libros Infonomia, pág. 20.

Ropa en buen estado, o juguetes que tus hijos ya ignoran (Thredup).[12]

Y esto, como bien analiza Clay Shirky, se debe a que por primera vez en la historia podemos aunar el excedente cognitivo de toda la humanidad y ponerlo a trabajar en una misma causa sin necesidad de desplazarse todo el mundo a un mismo sitio:

> Los norteamericanos ven cerca de doscientos mil millones de horas de televisión al año. Eso representaría el equivalente al tiempo libre que se destinaría anualmente a dos mil proyectos de Wikipedia. [...] Una característica notable de la época actual es que ahora podemos tratar el tiempo libre como un activo social general que puede aprovecharse para proyectos grandes, creados comunitariamente, en lugar de hacerlo como un conjunto de minutos sueltos para disfrutar de uno en uno.[13]

Urbrandízate

Nuestra URBRAND, ¿favorece el transporte público? ¿Y el privado? ¿Se trata de una URBRAND lo suficientemente abierta como para que pueda respirar y sobrevivir?

---

[12] *La solución empieza con co-. Hacia la sociedad y la economía de la colaboración,* Alfons Cornella, Libros Infonomía, pág. 126.

[13] *Excedente cognitivo. Creatividad y generosidad en la era conectada,* Clay Shirky, Deusto, pág. 21.

23

Ocio

El no-negocio

Budapest

Hicieron un pacto. Ella viviría siempre en Buda, y él, en Pest. Habitarían apartamentos separados tan sólo por el Danubio de un par de calles. Y decidirían cada noche si en tu casa o en la mía, como dos enamorados que sólo aspiraban a seguir siéndolo.

La vida les sonrió a todas horas. El mundo era un decorado para su estreno de amor. Y la gente, esos extras que pululaban ajenos a la felicidad y la desgracia que un ser humano podía llegar a sentir. Y digo desgracia, porque se pasaban el día despidiéndose. Echarse de menos era tan placentero como volver a verse y lo segundo no parecía solucionar nunca del todo lo primero. Así que tenían la sensación de estar quedando continuamente para decirse adiós.

Tras unos meses de dónde dormimos y cuelga tú, uno de los dos empezó a darse cuenta de que hacía demasiado tiempo que no pasaba por su casa. Da igual de quién fuese, el caso es que una parte de su hábitat, sus cosas, su espacio, y en definitiva uno de los dos mundos se estaba quedando cada vez más abandonado. Así que decidieron juntarlos.

Pasaron de ser tú y yo a ser nosotros. Fundaron Budapest. Una de las ciudades más bellas del mundo. Y una de las más decadentes, también.

Fue el principio del fin.

En el momento en el que dormir juntos ya no es opción sino obligación, en el instante en el que sabes que esa persona estará a tu lado todas las noches, y sobre todo amaneceres, sin excepción, en el momento en el que deja de haber intriga alrededor de la presencia y en el momento en el que queda derogada toda opción a poder ausentarse de la vida del otro, la relación deja de ser tal y se sustituye por convivencia, algo maravilloso con tus compañeros de piso o con tus familiares porque tienes más de uno y siempre los puedes alternar, pero nefasto para una pareja, pues en principio sólo tienes una y no más.

* * *

Una buena ciudad es una ciudad donde la gente quiere estar en la calle, afuera, no quiere estar encerrada en la casa sino que quiere estar afuera en el espacio público, ya sea en un café, en una banca, caminando, en un parque, no quiere estar en un centro comercial encerrado, sino que ya está afuera en espacios públicos.

JAN GEHL, urbanista danés

Una buena URBRAND es aquella que ofrece a sus ciudadanos sus momentos y espacios comunes de ocio. Desde parques y

jardines o circuitos de *running* hasta museos, festivales, eventos culturales o deportivos, maratones, ferias o competiciones de alto nivel. Todo vale para que nuestra URBRAND sea noticia interesante una o varias veces al año. Y es que en una URBRAND moderna ocurren constantemente cosas. Es aquella que les permite a sus habitantes y visitantes, además de desarrollarse, divertirse, conjugar ocio y negocio en un mismo espacio urbano, en una palabra, entretenerse. No hay más que fijarse en URBRANDS como Las Vegas, como Macao o como Cannes. Ciudades dedicadas y especializadas en la industria del ocio.

Y es que esa industria, la del entretenimiento, según el presidente de Ogilvy Entertainment Doug Scott, alcanzará los 1,8 trillones de dólares a nivel mundial en 2015[1]. Y si esto es así, es porque las marcas comerciales están apostando cada vez más por una modalidad teóricamente nueva, pero que lleva siglos entre nosotros, lo único que ahora le hemos puesto una etiqueta que suena de lo más guay: *Branded Content.*

Por *Branded Content* se entiende una marca que produce o coproduce sus propios contenidos. Y como he apuntado, en realidad existe desde que el hombre es hombre. Hay ejemplos de todas las épocas, desde la mencionada Guía Michelin, hasta las espinacas de Popeye.

También se suele hablar de las *soap operas* americanas, que después se convirtieron en culebrones, y que fueron lo que han sido gracias al *Branded Content.* Su expansión y consolidación se produjo en los años treinta del pasado siglo, cuando la empresa fabricante de jabones para la ropa (*soap*) Procter & Gamble empezó a financiar los seriales radiofónicos dirigidos principalmente a amas de casa. El éxito fue tan rotundo que en poco más de una década, la mayoría de ellos estaban directamente produ-

---

[1] https://social.ogilvy.com/ogilvymiptv-2012-the-branded-entertainment-tipping-point/

cidos por la poderosa marca de productos de limpieza[2]. Tanto fue así que se les acabó quedando el nombre de «obras del jabón», *o soap operas.* Un contenido que sigue triunfando hoy en todo tipo de formatos y canales.

Y qué es un contenido. Yo tengo una definición muy rupestre que me funciona bastante bien para discriminar lo que es contenido de lo que se trata simplemente de publicidad: contenido es cualquier cosa por la que un usuario estaría dispuesto a pagar. Y entendamos que se puede pagar en dinero, sí, pero también en esfuerzo, en sacrificio o en tiempo. Cualquier moneda de cambio es buena. Podríamos también ampliar esta exigencia en base al modelo de negocio de webs como BuzzFeed: contenido es cualquier cosa que el usuario esté dispuesto a compartir. Por tanto, la cuestión será siempre si el consumidor estaría o no dispuesto a dejarse algo por el camino a cambio de consumirlo. Si al final la sale gratis o no, es irrelevante.

Contenidos es que una bebida energética como Gatorade se pusiese a producir en 2009 una serie de televisión llamada *Replay*[3] en la que invitaba a desempatar un partido entre dos equipos de fútbol americano disputado en 1993. La idea fue recuperar a los mismos jugadores, ahora con sus familias, con sus hijos y para qué negarlo, con sus barrigas, ponerlos en forma de nuevo y disputar el encuentro para desempatarlo. Y como buen *Branded Content,* alguien estuvo dispuesto a pagar por ello. Concretamente FOX Sports, que encargó a la marca de bebidas una segunda temporada de la serie. Ese es el éxito de cualquier contenido. La segunda temporada. Una segunda parte. La continuidad. Y por supuesto, los premios. Dos Grand Prix en Cannes en 2010.

---

[2] http://soaps.about.com/od/listsandtrivia/a/Soaps_Name.htm

[3] http://www.marketingdirecto.com/creacion/spots/gatorade-replay/

Pero no es ni de lejos el único ejemplo. Desde que BMW produjera en 2001 ocho espectaculares películas bajo el epígrafe de *The Hire*[4], y dirigidas por estrellas de la talla de David Fincher o Ang Lee, John Woo, Tony Scott o Guy Ritchie, muchas URBRANDS se han puesto en manos de artistas para producir contenidos financiados por ellas. Y todas con resultados dispares, algunas con mucho éxito, otras que han pasado sin pena ni gloria.

La última en triunfar ha sido la cadena de comida rápida mexicana Chipotle, que ha producido la sitcom *Farmed and Dangerous* que distribuye a través del agregador de contenidos *online* Hulu, sobre una empresa que incurre en las prácticas que precisamente esa URBRAND repudia[5].

¿Y por qué las URBRANDS se han puesto ahora a generar contenidos? Bueno, como hemos indicado no se trata de algo precisamente nuevo, aunque ahora sí podríamos esgrimir muchos argumentos publicitarios, caída de la eficacia de la publicidad tradicional, pérdida de credibilidad por parte de las grandes corporaciones, nuevas cadenas de televisión con pocos fondos para producir contenidos propios, etc. Pero la verdad es que todo al final se reduce a la misma causa: un empoderamiento del consumidor inédito en nuestra historia.

Nunca antes el ser humano de a pie había tenido a su alcance tantas opciones para esquivar a las grandes URBRANDS. Y nunca antes había sido tan barato para las pequeñas impactar sobre millones de potenciales ciudadanos.

Yo no creo que sea el fin del spot en televisión. Al spot ya lo hemos intentado matar tantas veces que ya no me creo que vaya a desaparecer. Lo que sí creo es que es el principio del fin de algo más grande y universal: se trata del fin de la interrupción.

---

[4] https://www.youtube.com/watch?v=PKYUtUw-8ig

[5] http://www.salon.com/2014/01/27/chipotle_to_launch_factory_farming_sitcom_on_hulu/

El modelo freemium en Internet o los canales de pago nos están enseñando que en un futuro que es ya, en cualquier industria ligada al entretenimiento, convivirán dos tipos de consumidores: los interrumpidos y los que podrán permitirse una vida sin interrupciones.

Pero en cualquiera de los dos casos, seguro que habrá URBRANDS que quieran ponerse delante de ambos para ofrecerles cosas. Y qué mejor manera para hacerlo que a través de contenidos que sean de su interés.

Urbrandízate

¿Por qué aspectos de tu URBRAND estaría la gente dispuesta a pagar? ¿De qué manera se lo puedes dar gratis? ¿Cómo conseguimos que tus ciudadanos pasen más tiempo dentro de tu URBRAND? ¿Cómo les entretenemos más y mejor? ¿De qué manera les sorprendemos cada día con algo nuevo, algo que no se esperasen y algo que les haga renovar su ciudadanía?

24

SHOPPING

¿TE ATIENDEN?

CANARIAS

Sí, ya sé que Canarias no es una ciudad. Hasta ahí llego, gracias. Pero es que ella tampoco fue una sola mujer. Cada vez que nos veíamos era todo un enigma saber en qué parte de sus siete islas podría encontrarme. Había días en los que me acogía entre sus dunas de reloj de arena y otros en los que me dejaba tiritando en la cima del Teide con un bañador y una toalla.

Canarias se presentaba en mi casa a cualquier hora, siempre con la misma idea entre las piernas. Eso era lo único fijo, lo que jamás cambiaba. En lo demás era como jugar a la ruleta rusa, pero con todas las balas.

* * *

> En un mundo en el que la mayoría se dedica sólo a vender, [...] en un mundo en el que todos estamos encadenados a una máquina quizás tan despersonalizadora como era estarlo a un telar en el siglo XIX, aquellas personas con habilidades manuales para realizar tareas difíciles [...] estarán cada vez más buscadas [...] Aviso, pues, para los planificadores de la educación de un país: menos *ingenieros* y más *ingeniosos*.[1]

El urbanismo comercial consiste en la adecuación de áreas urbanas para el desarrollo de la función comercial. Adecuar la URBRAND a la actividad económica y al comercio entre sus ciudadanos:

> Práctica urbanística relacionada con preparar o crear áreas urbanas de funcionalidad comercial dominante, que cuenta con especiales requisitos de ordenación, tales como la exclusión del tráfico rodado, el acondicionamiento y ornato del espacio público, el control de la publicidad en la edificación y la instalación de mobiliario urbano.[2]

Tiendas, centros comerciales, grandes almacenes, grandes superficies y mercados. Niveles diferentes de interacción con el comercio de la ciudad, y atractivos turísticos cada vez más importantes. Porque qué sería del turismo de ciudades como París, Londres o incluso de países enteros como Andorra o el Principado de Mónaco si no fuese por la actividad comercial, y por supuesto sin sus correspondientes temporadas altas y bajas de consumo.

---

[1] *Futuro presente. El futuro es atreverse hoy,* Alfons Cornella y Sergi Rucabado, Deusto, pág. 66.

[2] *Diccionario de urbanismo. Geografía urbana y ordenación del territorio,* VV. AA., Cátedra, pág. 379.

Conceptos como la estacionalización[3] o la planificación del tipo de consumo que queremos que la gente disfrute en nuestra URBRAND son aspectos importantísimos si pretendemos que la gente, además de divertirse y desarrollarse, queremos que gaste y que mueva dinero dentro de ella.

Vender algo de lo que se derive tu marca personal es vital para la supervivencia de la misma. Y ese algo, cuanto más relacionado esté con la razón por la que todo el mundo te conoce, mejor.

Es el fallo de mucha gente que sale por televisión y no hace nada más. A la gente —salvo que salgas sólo en las teles de pago— no le cuesta dinero verte por la tele. Le sale gratis. Si no construyes tu marca más allá de la tele, el día que dejen de llamarte para salir por la tele, que llegará, dejarás de ingresar. Así que tienes dos opciones: o les cobras a las teles la intemerata por salir, algo cada vez más difícil, créeme, o te buscas una forma de aprovechar el tirón televisivo en su momento álgido para construirte una marca que pueda vivir de otros formatos y soportes. Es como recibir mucho dinero de golpe y no meterlo en una cuenta corriente, sino bajo el colchón. Bueno, igual tal y como están las cuentas corrientes tampoco es tan mala opción. Pero a lo que iba.

Que no sólo les ocurre a los televisivos. Las nuevas tecnologías nos han hecho a todos potenciales famosos. Lo que ocurre es que para serlo ya no basta con salir en el medio, sino que hay que demostrar algún tipo de talento.

Si eres un cocinero, tienes que abrir un restaurante o vender recetas. Si te consideras escritor, vender libros. Si sabes idiomas, vender cursos. Si eres un manitas, vender chapuzas. Poner al alcance de los demás lo que sabes es cada vez más importante, y da cada vez mejores resultados.

---

[3] Factor de variación periódico y predecible de una serie temporal que corresponde únicamente al calendario.

Igual el nombre de Mark Lassoff[4] no te dice mucho. Pero si te digo que gracias a su habilidad como programador, pero sobre todo como docente, el bueno de Mark ha logrado transferir sus conocimientos a más de cien mil personas en la última década, y que varias compañías de las Fortune 500 se pelean por tenerlo como profesor, igual te interesa algo más.

Pero lo más interesante, para mí, es que Mark lo ha conseguido prácticamente todo *online*. Concretamente, en su propio sitio web (learntoprogram.tv) y sobre todo, en la mayor plataforma de cursos *online* P2P, Udemy.com.

Udemy es la mayor academia de pago del mundo, donde los profesores y los alumnos se eligen mutuamente. En el momento de escribir estas líneas, existen dentro de la plataforma más de tres millones de alumnos que cursan más de dieciséis mil temas desde cualquier dispositivo conectado del mundo. Es, literalmente, un mercadillo de habilidades. Y lo mejor de todo es que es un mercadillo en el que los alumnos pagan y los profesores cobran.

Mark Lassoff tiene siempre uno de los cursos más exitosos de la plataforma, Certified Web Developer, para aprender a programar una web desde cero, por el que lleva cobrados ciento noventa y nueve dólares a nada más y nada menos que más de doce mil estudiantes. Haz números. Casi dos millones y medio de dólares por un curso en vídeo que grabó una vez, lo editó una vez y lo dejó colgado en una web, exacto, una puñetera vez. Y ahí sigue, captando adeptos mientras el bueno de Mark sigue a sus cositas.

Es lo que yo llamo la diferencia entre prostitutas y actrices porno. En esta vida, creo que lo inteligente es pasar de prostituta a actriz porno[5]. Si eres prostituta, ya puedes cobrar las horas

---

4 https://www.linkedin.com/in/marklassoff

5 Conste que en versión masculina funciona igual: gigoló o actor porno.

lo caras que quieras, que al final sólo tendrás veinticuatro para vender cada día. Tu límite será temporal, el beneficio depende de tu presencia, pues tu negocio depende de que tú estés ahí. Es lo que nos ocurre a todos los que trabajamos en el sector servicios. Sin embargo, una actriz porno echa un polvo una sola vez y luego lo vende en ciento cuarenta países. O como Mark Lassoff, que echó uno solo y ya lo ha vendido más de doce mil veces.

Recuérdalo, pasa de prostituta a actriz porno y lo mismo vivirás igual de mal, pero tendrás más tiempo para darte cuenta.

URBRANDÍZATE

Cuando hablamos de *shopping,* existe una expresión coral fundamental en el proceso de consumo de cualquier URBRAND: la sonrisa. Cada sonrisa es un escalón superado en la empinada escalera hacia la venta. Piensa que cada vez que tu potencial comprador sonría, estarás más cerca de venderle cualquier cosa. Y no hay mejor manera de hacerle sonreír, que entretenerle. El proceso de venta concebido como justo lo contrario de la pérdida de tiempo, es una inversión en ti y en tu URBRAND.

25

Smart Cities

Are you?

Los Ángeles

Estira la boca. Hazte el favor. Contrae los mofletes, estruja el mentón, afila tus labios. Achina esos ojos. Presume de arrugas. No, con la mano no vale. Tiene que ser con la intención. Estira tu boca. Estírala ahora. Porque sí, porque tú lo vales, porque hoy es hoy. ¿Ya está? ¿Aún no?

Que te digo que estires la boca. De verdad que sí. Acerca las comisuras con suavidad hacia tus oídos, esos por los que de tanto en tanto se cuela mi voz, frecuencia que deja cada vez más secretos de confesión. Mira, ahí va otro.

Estira la boca. Y no me vengas con que te faltan motivos. Que si algún día no los encuentras, no te preocupes que los buscamos los dos. Además, cualquiera diría. Seguro que harás

cosas muchísimo más absurdas todos los días por gente a la que ni siquiera conoces y que encima te da igual. Digo yo. Y sin exigir motivos a cambio. Por qué me los pides a mí. Eh. Por qué.

Estira la boca. Que sí, que dicen que es contagioso. Que ya verás. Empapa tu entorno. Inicia tú la epidemia con tan deliciosa infección. Que nos pille a todos sin vacunas. Que nadie encuentre remedio, que ni siquiera lo empiece a buscar. Huyan despavoridos los envidiosos que algún día se atrevieron a hacerte llorar. Vuelvan a sus cavernas de rabia aquellos que hicieron de tu tristeza su trofeo, su triunfo y su vergonzosa conquista. Que hoy tú vas a estirar la boca. Y con ella aplastas y aplastarás. Hoy pierden todos ellos. Porque hoy ganas tú. Dientes, dientes, Julián.

Porque yo sólo quiero que estires la boca. Me da igual si es de mentira. Me da igual cuándo sea, de verdad. Pero es que no te das cuenta. No es lo que pasa cuando tú nos regalas un estirón de boca. Es lo que ocurre con el resto del mundo cuando nos lo das.

Cuando tú estiras la boca, la vida no pasa, en la vida se está. Cuando tú estiras la boca, a todas las alegrías les da por salir a pillar. Y vaya si pillan. Se marcan un crusaíto con el primer recuerdo que agarran, y le dan otro motivo para proyectar, para acabar con el futuro y maquillarlos de ilusión. Sí, ya sé que igual es sólo maquillaje, pero qué coño más nos da.

Cuando estiras la boca, el pez ya no muere, sino que se le practica un bypass. Cuando estiras la boca, ya no entran ni moscas ni moscardones, y cuanto más la abres, más se van.

Y así andamos todos, en busca de alguna boca estirada con la que la nuestra se quiera acostar.

Estira la boca. Estírala ya. Pero hazlo por ambos lados. Porque estirar la boca a medias es dejar de lado la otra mitad. Abandonar la sección que quedó en la sombra por culpa de tanto

traspaso emocional. Montar un fiestón con la mitad de los invitados. Y obligar a la otra mitad, simplemente, a mirar. Estirar la boca a medias no está bien, porque el aire se te acaba yendo por el lado al que no le está permitido ni emocionarse ni emocionar.

Todo esto para decirte que estires la boca. Que puede que te suene muy absurdo. Que le veas todas las pegas. Y que no le encuentres la utilidad. Pero ahí fuera hay un universo entero esperando una señal. Tu señal. Un millón de posibilidades que sólo se atreverán a dar el paso y hacerse realidad si y sólo si tú les regalas ese gesto. Ese guiño. Ese estirarla y que te dé todo igual. Y si tú no lo haces, porque decides guardártelo, nadie más lo hará. Y como tú no lo descubras, nadie más podrá. Ahí se quedarán esperando. Ahí se pudrirán. Que se jodan. Eso es lo que le estarás diciendo a tus otros destinos si hoy no estiras tu boca. Ajá.

Por un momento, atrévete a estirar la boca. Puede que después de hacerlo continúes exactamente igual que hasta ahora y hayas perdido el tiempo poniendo en práctica una sencilla expresión facial.

O también puede que un día estires tu boca y de repente empiece a levantarse todo lo demás.

* * *

Hay que dejar de hablar sólo de real state
para empezar a hablar del digital state.
Es el nuevo territorio.

ALFONS CORNELLA

Una ciudad o un territorio que se considere inteligente se manifiesta fundamentalmente por su carácter multidimensional y multifacético, en términos de actores, en cuanto a dominios

clave (transportes, energía, educación, salud, residuos, vigilancia, economía...), y en desarrollo y utilización de tecnologías.[1]

Sensores de *parkings,* sensores de lluvia, sensores de pavimento, sensores de polución, sensores de ruido, sensores lumínicos, sensores termostáticos, sensores de capacidad volumétrica... Fundamentalmente, lo que determina la inteligencia de una ciudad acaban siendo sus sensores, es decir, un concepto tan simple y a la vez tan viejo como su capacidad de escuchar.

Escuchar es un verbo que en marketing se pronuncia siempre por encima de nuestras posibilidades. Además, es de los pocos que sólo se puede pronunciar para dejar de hacerlo. Y sin embargo, escuchar resulta ser el verbo fundamental también en la inteligencia —y, por tanto, en la supervivencia— de una URBRAND. Así lo aseguran los llamados expertos en escucha activa[2]:

> Los mejores comunicadores son excelentes oyentes. Saber escuchar, más que saber hablar, es el gran secreto de la comunicación interpersonal. El oyente atento e interesado cautiva a los otros, en la medida en que les da la importancia que desean. De este modo, abre el camino para ser escuchado y también respetado.[3]

¿Y cómo lo hacemos para construir una URBRAND inteligente? Pues igual que cualquier *Smart City.* Colocando sensores de manera sensata, procesando la información de manera rigurosa y tomando decisiones en consecuencia.

---

[1] http://es.wikipedia.org/wiki/Ciudad_inteligente

[2] Técnicas y actitudes investigadas por el influyente psicólogo norteamericano Carl Rogers encaminadas a la optimización por parte del oyente de la comprensión, retención y capacidad de respuesta o *feedback.*

[3] *Principios de comunicación interpersonal. Para saber tratar con las personas,* António Estanqueiro, Narcea, pág. 63.

Hace no demasiados años, para colocar este tipo de sensores, había que gastarse mucho dinero. Había que contratar a un instituto de investigación de mercado, o a una facultad o grupo de investigación de una buena universidad, para que reuniese a un grupo de potenciales consumidores —*focus group*—, los metiese en una sala durante unas horas y les atiborrase a preguntas y bocadillos para sacarles algo de información.

El tipo de información que se obtenía era siempre dirigida, sólo se obtenía lo que se preguntaba, con la razonable duda de que además no se estuviese cayendo en el principio de indeterminación de Heisenberg: que el observador no estuviese modificando lo observado. Era, como digo, un proceso farragoso y sobre todo muy caro, porque ese mismo grupo además había que hacerlo en varias ciudades de manera más o menos simultánea, en cámaras de Gesell —salas con espejo de visión unilateral— y con varios monitores por cada sesión. Un lujo al alcance de muy pocas URBRANDS.

Hoy no es que se hayan dejado de utilizar, ni mucho menos. Lo que ha ocurrido es que se ha democratizado. Como siempre ocurre, la tecnología ha convertido en masivo lo exclusivo, ha venido al rescate de las pequeñas URBRANDS y nos ha permitido a todos tener un estudio de mercado en tiempo real sin salir de casa y encima de manera casi o en ocasiones hasta enteramente gratuita.

Vamos a repasar aquí algunas de las herramientas que hoy nos pone la red de redes a nuestra disposición para monitorizar el estado de nuestra URBRAND. No están todas las que son, ni mucho menos, pero sí son todas las que están, sobre todo las más básicas, que ya es mucho. Además, no nos fijemos aquí en la herramienta en sí, pues las herramientas cambian, nacen y mueren, o mejor dicho, son superadas por otras. Si no que se lo digan a Altavista, Yahoo, Myspace, Second Life, etc. Pero lo que sí creo que es importante es destacar qué aporta en la sensibili-

dad de una URBRAND cada tipología de espacio virtual, con la intención de ganar en escucha y, por tanto, en inteligencia:

1. Google

Recuerda, mientras tú no construyes tu URBRAND, alguien lo está haciendo por ti. El famoso *ego search*[4] es una gran herramienta de escucha activa, y totalmente gratuita. Pero también lo son las alertas, que es lo mismo, pero enviado a tu mail cada vez que alguien habla de ti. Buscarse a sí mismo es un ejercicio que tiene más sentido cuanta más notoriedad se tiene, aunque es importante conocer de antemano cómo filtra Google los resultados de búsqueda, más que nada para no llevarse chascos innecesarios. Si recuerdas la definición de marca de Jeff Bezos[5], he aquí una forma estupenda de comprobarlo; tan sólo pon en Google tu nombre, tu apellido y la palabra «es» a continuación. Sin llegar a pulsar intro, verás cómo el buscador te propone varias formas de acabar la frase. Serán normalmente adjetivos. Y con más de uno igual te llevas una sorpresa. Éste es el resultado de mi última comprobación:

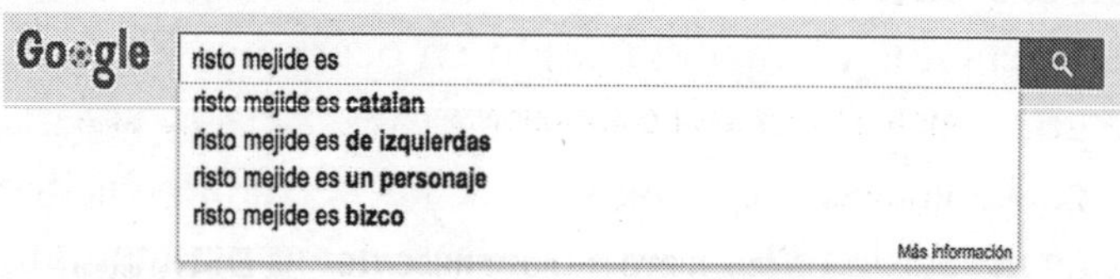

Alentador. A que sí. En fin. Sigamos.

---

[4] Buscarse a sí mismo.

[5] Vale, no la recordabas, no pasa nada: «Tu marca es lo que dicen de ti cuando ya no estás delante». De nada.

2. Facebook

La red social más grande del mundo en estos momentos, con más de mil doscientos millones de usuarios, puede ser también una excelente forma de tener monitorizada tu URBRAND. Tengas la notoriedad que tengas, yo aconsejo siempre abrirse una página dentro de la red social. Sobre todo por el nivel de detalle de sus estadísticas, que te permite conocer a tiempo real qué tal calan tus comentarios, semana a semana, e incluso día a día:

No es una mala opción ir haciendo *ego search* dentro de la red social, pues a menudo te llevarás sorpresas y —muy de tanto en tanto— recibirás información interesante:

3. Twitter

Para mí, Twitter es realidad adelantada. Lo que ocurre en la red de microblogging tarde o temprano acabará en otros sitios, en otras webs, en otros medios de comunicación. Así que si estás atento a esta red, podrás avanzarte como nadie a lo que te vaya a venir, ya sea bueno o malo. Por eso le doy mucha importancia en mi gestión diaria de cualquier URBRAND. Por eso la reviso varias veces al día. Y por eso me sorprende la gente que, en pleno 2014, aún rehúye darse de alta. Allá ellos. Da igual la herramienta, insisto que hoy se llama Twitter y mañana se llamará Twater, pero lo que importa es poder anticiparte, valor que como hemos visto, es fundamental en la construcción de cualquier URBRAND. Y hoy por hoy, todavía, esa posibilidad sólo te la ofrece el pajarito zumbón.

Yo utilizo varias herramientas y criterios para gestionarlo. Para empezar, tengo organizadas las cuentas a las que sigo por listas, en función de su temática:

Una lista para noticias de interés general, otra para cuentas relacionadas con la televisión, otra con el mundo de la publicidad y una última lista con gente simplemente que me interesa. Por supuesto que también realizo *ego search,* pero de manera

más puntual, ya que existen las menciones que te informan casi en el momento en el que alguien hace referencia a ti.

En cuanto a software que facilite el análisis, los hay de todo tipo —SocialBro, TuitUtil...—, aunque como verás muchos acaban desapareciendo por falta de financiación, al final yo me limito a usar Hootsuite para la gestión de listas y programación de tuits, y Tweetbot para los dispositivos móviles[6].

4. Linkedin

Hay que tener sensores siempre bien colocados en la red social número uno de empleo del mundo. Yo la verdad que la visito menos de lo que debería, pues se me han llegado a acumular cuatrocientas peticiones semanales de conexión. Pero reconozco que las mejores ofertas y oportunidades de negocio me han salido casi siempre de ahí.

5. Wordpress

Si no se quiere ser un *homeless* digital, hay que tener un blog. Ya lo vimos en su momento. Pero es que además hay que tener una vía de contacto directo en ese blog, para que la gente te diga de forma incluso anónima si lo prefiere lo que sea que quiera decirte. Por eso mi principal sensor a estas alturas sigue siendo el apartado «Contacto» dentro de ristomejide.com.

Lo más difícil es hacerte con la herramienta Wordpress, te he de confesar que a mí, al principio, no me fue nada fácil. Y todavía hoy lo sufro en silencio. Aunque gracias a dios hay tutoriales y cursos por todas partes en la red. De todos modos, si yo

---

[6] Tweetdeck, antes de que la comprasen y la hundiesen, era fantástica.

pude crearme, diseñarme, programarme y publicarme mi propio blog en un fin de semana, tú puedes como mínimo en medio.

6. Otras

Instagram, Pinterest, Google+, etc. Se me ofenderán los que sean habituales de estas redes sociales, y la verdad es que no me extraña, pero chicos, no doy para más. Aunque así me gusta. Eso significa que algún día esas herramientas desbancarán a las previamente citadas. Y espero que así ocurra, francamente. Por eso hay que tener cuenta siempre abierta a nombre de uno en todas e ir jugueteando con ellas.

Nunca se sabe cuál puede ser *the next big thing.*

Ni tú, ni yo, ni nadie.

7. Calle

A veces nos olvidamos de que la primera red social del mundo fue la plaza de un poblado. Baja a la calle, escucha a la gente, pregúntale a la gente que ni quiere ni busca ni necesita nada de ti, al taxista, al conductor del autobús, a la señora del mercado, déjate de leer sólo lo que algunos publican en la red. Porque ahí está sólo lo que unos cuantos quieren que sepas. Si quieres saber lo que los demás jamás te van a contar, deberás descubrirlo con tus propios oídos.

Urbrandízate

¿Tiramos ya la Moleskine?

26

Ristópolis: declive

La fama es como un río que lleva a la superficie
los cuerpos ligeros e hinchados y sumerge
a los pesados y sólidos.

Francis Bacon

Somos esclavos de la sociedad de la desinformación, hoy la gente ya no consume periódicos para informarse sino para confirmarse, morimos por sobredosis de titulares, y sufrimos cada vez más el mono de la desconexión. Quítale a un español su teléfono móvil durante sólo veinticuatro horas y compruébalo por ti mismo. Hemos confundido fines con medios, herramientas con valores, y plataformas con medios de comunicación. Ocurre igual con las marcas personales, hemos llegado a confundir fama, notoriedad, poder e influencia. Cuatro niveles de impacto sobre los demás que nada tienen que ver entre ellos, cuatro conceptos que a veces pueden compartir áreas comunes, pero que transformados en objetivos, conllevan decisiones vitales muy diferentes entre sí.

13

1. Fama

La fama no es nada. Una fiesta a la que un día te invitan no sabes muy bien por qué y de la que un día te echa la guardia urbana sin darte tampoco ninguna explicación. Lo que has de procurar es que te pillen sobrio, con algo de dinero en el bolsillo y habiéndotelo pasado todo lo bien que te permita la ley vigente. Es cierto que en ocasiones te otorga cierto nivel de acceso a según qué gente muy interesante, pero eso hay muchísimos famosos que ni lo aprovechan ni lo transforman en influencia, así que si hablamos sólo de la fama, es tan sólo fuente de dinero fácil y capacidad de encontrar mesa en cualquier restaurante sin reserva previa, lo cual ha provocado que se convirtiese en el objetivo de muchos jóvenes y no tan jóvenes de este país —sobre todo lo del dinero, lo de la mesa imagino que menos—. Créeme, te lo dice alguien que ha tenido de los dos tipos: fama buena y mala. Y es que, como hemos visto en muchos ejemplos de este libro, ser famoso no basta para construir una URBRAND y muchas veces ni siquiera es necesario. Además, la fama es muy fácil de conseguir y muy difícil de cambiar. Más te vale que la primera que consigas esté cerca de lo que quieres que piensen de ti, porque si no es así, te va a costar mucho modificar percepciones. Pero si tu objetivo es exclusivamente la fama, hoy te basta con haberte tirado a alguien que sea famoso. Así que ya sabes.

2. Notoriedad

La notoriedad es un fogonazo de atención. Son las balas de fogueo de la relevancia. De pronto haces algo o dices algo que a los medios les hace gracia o les despierta interés. Puede cristalizar en fama o no, pero lo que está claro es que cuando ganas notoriedad, los medios o los grupos de opinión están pendientes de ti, trabajan para ti, y no al revés. Es una oportunidad para

hacer llegar tu mensaje de manera gratuita, de otra forma te costaría mucho dinero impactar sobre tanta gente y ahora lo tienes gratis, es un estadio difícil de mantener en el tiempo, pues los medios funcionan a base de modas. Así que lo que tengas que decir, dilo rápido, lo que quieras que digan de ti, dilo ya, porque es probable que mañana ya se hayan girado a mirar a otro lado.

3. Poder

El poder a menudo es definido como capacidad de influencia. Yo creo que los que así lo definen se están fijando sólo en el mejor de los casos. El poder hoy en día, en nuestro país, es sinónimo de sospecha. Cuando al poder se le mira con suspicacia, inmediatamente deja de ser tan influyente. Y si tienes poder en España, ya sea un poder político, empresarial, económico, financiero... de pronto se te pone pinta de delincuente, algo estarás haciendo mal. Y justamente eso te acaba mermando tu capacidad de influencia.

4. Influencia

La influencia es el máximo nivel de impacto. Consiste en la capacidad de conseguir que otros hagan lo que tú quieras que hagan, cuando tú quieras que lo hagan. Es el nivel más deseable para una URBRAND. Creo que las URBRANDS deberían dejar de preguntarse cuántos *followers* tienen en Twitter y cuántos «amigos» han ganado en Facebook, y empezar a preguntarse cuántos de ellos están dispuestos a hacer qué. Ahí es donde está realmente el valor de tu impacto. Ahí es donde se demuestra el compromiso de cada ciudadano. Lo que los ingleses denominan

engagement. Hoy los poderosos cada vez son más famosos y menos influyentes, mientras que ciertos personajes de pronto ganan notoriedad gracias a la influencia súbita que desarrollan sobre un colectivo. Pero tenemos que ser capaces de diferenciar qué es lo que realmente tiene cada uno.

En lo que a mí respecta, tengo muy claro lo que espero conseguir para el resto de mi vida y lo que ya estoy dispuesto a perder. Y en ese sentido, ahora me toca perder. Cuando alguien me dice si no tengo miedo a dejar de ser famoso, que un día los medios ya no se acuerden de mi URBRAND, pienso en los cuatro niveles que acabamos de repasar, en el concepto que tengo de la fama como tal y le explico por qué eso es justamente lo que espero.

Me gustaría ganar influencia como URBRAND, y para ello estoy dispuesto a perder toda la fama que haga falta. De hecho, si te fijas, a los realmente influyentes del planeta no los conoce ni dios. Ese es el tipo de grupo al que me interesaría algún día llegar a pertenecer. Obviamente no a nivel político, ni económico, ni financiero, sino en lo que respecta a mi profesión, a lo que a mí me gusta y en lo que pretendo seguir trabajando, que siempre se sitúa en la órbita del mundo de la comunicación, en la órbita de las URBRANDS.

Por eso, cuando leo los datos de mi valoración económica como URBRAND realizada por Kantar Media, la lectura que se puede hacer es que voy por buen camino:

		2.011				
	Referencias	Audiencia	Valoración	Valor/Audiencia	Variación Valor	% Var.
Internet	1.437	174.805.062	215.767	0,001	168.719	359%
Prensa	1.432	339.590.000	1.376.936	0,004	1.033.000	300%
Radio	38	7.450.000	542.608	0,073	358.223	194%
TV	40	40.870.000	3.824.634	0,094	2.520.607	193%
Total	**2.947**	**562.715.062**	**5.959.945**	**0,011**	**4.080.549**	**217%**

		2.012				
	Referencias	Audiencia	Valoración	Valor/Audiencia	Variación Valor	% Var.
Internet	1.983	751.349.006	800.231	0,001	584.464	271%
Prensa	1.185	267.745.000	1.037.875	0,004	-339.061	-25%
Radio	28	6.245.000	490.717	0,079	-51.891	-10%
TV	31	36.348.000	3.507.238	0,096	-317.396	-8%
Total	**3.227**	**1.061.687.006**	**5.836.061**	**0,005**	**-123.884**	**-2%**

		2.013				
	Referencias	Audiencia	Valoración	Valor/Audiencia	Variación Valor	% Var.
Internet	4.766	424.729.598	3.208.076	0,008	2.407.845	301%
Prensa	1.462	379.160.000	2.779.939	0,007	1.742.064	158%
Radio	44	11.651.000	1.303.064	0,112	812.347	166%
TV	27	20.811.000	4.723.418	0,227	1.216.180	35%
Total	**6.299**	**836.351.598**	**12.014.497**	**0,014**	**6.178.436**	**106%**

Los datos muestran una audiencia cada vez más repartida entre los distintos medios, o dicho de otro modo, cada vez mi URBRAND es menos televisión y más Internet. En el siguiente gráfico se aprecia claramente:

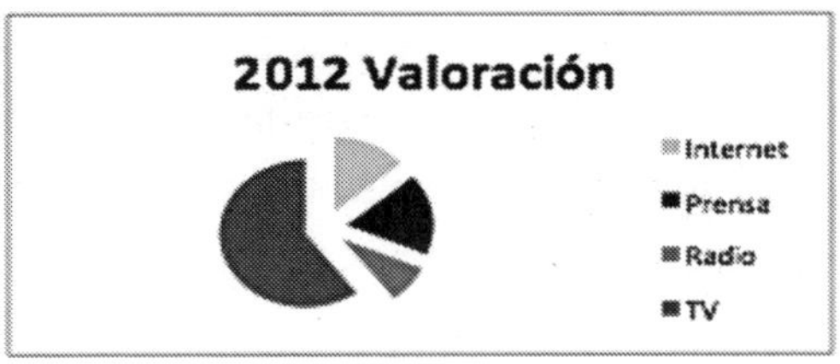

Habiendo subido ostensiblemente en números absolutos, lo que en 2010 mi presencia en la red era puramente testimonial, en 2013 se ha convertido en más de un 25 por 100 de mi valoración como URBRAND en detrimento de la puramente televisiva, que ahora ya no llega ni al 50 por 100 del total. Y hay una

9

diferencia más entre la televisión e Internet que además de cuantitativo, lo hace todo mucho más interesante cualitativamente: mi presencia en la tele depende de un programa, de una productora y de una cadena que nunca me pertenecen. Mientras que gran parte de mi presencia en Internet la controlo yo. Sin intermediarios. Sin nadie más.

¿Y cómo lo hago a partir de aquí? A continuación resumo las tres R que cualquier URBRAND —incluida la mía— tendría que aprender a desarrollar. Son las tres R con las que venimos trabajando desde hace siete años en mi agencia, AFTERSHARE.TV:

1. La R de relevancia

Siempre hay que preguntarse antes que nada si lo que estamos a punto de lanzar o de decirle al consumidor le interesa lo más mínimo. Llevar a cabo la topografía de nuestra URBRAND. Hasta el advenimiento de los mass media, lo que era relevante era lo que hacías, no lo que decías. Si tú eras Aníbal, eras relevante porque cruzabas las montañas con los elefantes hasta Roma. Pero ahora, si tienes dinero para repetir un determinado mensaje en los medios de comunicación, te conviertes en relevante y la gente compra el producto. Las redes sociales nos están devolviendo al inicio y la relevancia la decide el consumidor.

2. La R de reputación

Una vez tenemos algo relevante, es bueno saber si construye reputación para nosotros, si es bueno o malo para nuestra URBRAND. La reputación se crea de dos maneras: o bien luchando contra un enemigo, o bien a base de compromiso y

credibilidad. En muchas ocasiones, es lo mismo. Yo creo en el «no lo digas, hazlo». Si en una fiesta un payaso te dice: «Soy muy gracioso, si te cuento un chiste te mueres de risa», te lo quedas mirando con cara de «¿perdona?». Si en una fiesta el payaso va, te cuenta un chiste y te mueres de risa, pues te quedas su tarjeta. Recuerda que Google Labs tenía como propósito ganar el Nobel de la Paz y que Honda quiere convertirse en una compañía que la sociedad quiere que exista. Y si hay crisis alrededor de nuestra URBRAND, echaremos mano de las cloacas.

3. La R de resonancia

Una vez sabemos el qué y el cómo, nos falta sólo el dónde. Se trata de hacer que nuestra URBRAND resuene. Y el concepto de resonancia que se utiliza en física, lograr que una partícula contagie a las demás partículas de la misma frecuencia y excitación. Conseguir estar en la misma longitud de onda que todo al que le llegue. Convertir a cada receptor en una central de medios. Generar algo —un mensaje, una frase, un slogan, un producto, una acción— tan 2.0 que la gente necesite comentarlo en la máquina de café.

Si puedo llevar las tres R hasta la máxima potencia, allá donde mi trabajo y mi talento me permitan llegar, y si sigo desarrollando mi URBRAND tal como he hecho hasta ahora, habré logrado mi objetivo, como profesional y como persona. Y si no lo consigo, como mínimo créeme que lo habré intentado con todas mis fuerzas, construir una URBRAND que dejara alguna que otra reflexión en forma de letras que algún día llegaron hasta tus ojos y, como ya sólo eso me parece todo un logro, con el permiso de tu URBRAND y el de sus ciudadanos, vamos a dejarlo aquí.